O SUCESSO
EXISTE EM VOCÊ

DNA FINANCEIRO

DESBLOQUEANDO SEU POTENCIAL NAS FINANÇAS

EDITORA
CHAVE MESTRA®

EDITORA
CHAVE MESTRA®

Av. Marcos Penteado de Ulhôa Rodrigues, 1119 – Tamboré, Alphaville - SP,
Ed. Office Shopping Tamboré – Andar 21 – Sala Chave Mestra
CEP: 06460-040
@editorachavemestra
editora@editorachavemestra.com.br
Acesse: www.editorachavemestra.com.br

Título original em Português:
DNA Financeiro: desbloqueando seu potencial nas finanças

Direção editorial: Raquel Medeiros
Coordenação editorial: Bartira Costa Neves
Assistente editorial: Eloiza Andrade
Revisão: Tony R. de M. Rodrigues
Diagramação: Weslei Eugênio
Branding de capa: Izzo Medeiros
Projeto gráfico: Weslei Eugênio

Dados Internacionais de Catalogação na Publicação (CIP)

Vale, Rogério (Organizador)
V149 DNA financeiro: desbloqueando seu potencial nas finanças / Rogério Vale (org.) – Barueri, SP: Editora Chave Mestra, 2024. 272 p.: 16 x 23 cm.

ISBN 978-65-5496-013-7

1. Negócios. 2. Finanças. 3. Desenvolvimento pessoal. 4. Liderança. 5. Sucesso nos negócios. 6. Finanças pessoais. I. Título.

CDD 158.1

DNA FINANCEIRO

SUMÁRIO

APRESENTAÇÃO

DNA financeiro é uma coletânea de 32 capítulos escritos por especialistas na área financeira que decidiram compartilhar suas experiências de sucessos, fracassos e aprendizados que construíram suas jornadas. Esta obra busca oferecer aos leitores lições para desenvolver sua mentalidade financeira e desbravar a trilha para uma vida mais saudável e próspera nesse sentido.

Nas páginas deste livro, você percorrerá várias histórias, *insights* e estratégias de profissionais de diferentes segmentos do mercado que entenderam o caminho para ser bem-sucedido(a) financeiramente. O objetivo é trazer inspiração e conhecimento para que os leitores possam aperfeiçoar suas habilidades e competências pessoais e profissionais não só com foco no resultado, como também em identificar oportunidades, enfrentar desafios e conseguir se adaptar em cenários que exijam mudanças.

Além disso, cada autor(a) contribui com sua perspectiva ao abordar questões fundamentais como planejamento, educação financeira, comportamento humano, investimentos e gestão de risco.

Mas, principalmente, esta obra é um convite para uma jornada de autodescoberta e desenvolvimento, para que, com resiliência e capacidade de superação, você aplique os aprendizados aqui compartilhados à sua realidade e suas ações impactem positivamente o seu entorno.

Que a *expertise* e os ensinamentos dos autores deste livro sejam uma fonte de estímulo e de transformação para todos os leitores e que os levem a acreditar que tudo é possível, pois, com foco, organização, fé, determinação e perseverança, podemos tornar os sonhos realidade, fazer dos desafios oportunidades de crescimento e enxergar os medos como motivos para inspirar.

Que tal ativarmos o seu DNA financeiro e avançarmos juntos nesta viagem rumo ao sucesso?

Ótima leitura!

EDITORA CHAVE MESTRA®

IDEC INSTITUTO DE DESENVOLVIMENTO COMPORTAMENTAL

ADRIANA VIEIRA

Sou Adriana Vieira, *coach* e planejadora financeira certificada pela Planejar com a mais respeitada certificação internacional de distinção em planejamento financeiro pessoal (selo *Certified Financial Planner* - CFP®).

Atuo no mercado financeiro desde 2007 e consolidei minha carreira nos maiores conglomerados financeiros do Brasil.

Além de especialista em Finanças pela Fundação Getúlio Vargas (FGV), tenho formações na área comportamental, sendo as principais delas:

- formação em *Life Coach* reconhecida pelo Instituto Brasileiro de Coaching (2016);
- formação em Neurociências aplicadas à gestão de negócios pelo Instituto Superior de Administração e Economia (ISAE)/FGV.

adri.financas

+55 (41) 99928-8096

Adriana Vieira, CFP®

adri.vieirafernandes@gmail.com

DNA FINANCEIRO

1 PSICOLOGIA COMPORTAMENTAL E FINANÇAS

Por Adriana Vieira

Trabalhei em bancos por 15 anos da minha vida, pude ganhar muito dinheiro, prêmios, viagens e desfrutei o máximo que pude. Um dia, a minha ficha caiu e eu me vi sem chão, quando me dei conta de que todo o dinheiro que eu ganhava estava indo para o ralo e, o pior de tudo, se eu saísse do banco naquele momento, sequer teria uma reserva financeira para me recolocar no mercado. Comecei, então, a sofrer com chefes tóxicos, assédio moral, e não podia nem mesmo fazer uma reclamação pelo medo de perder o meu emprego e passar aperto financeiro. Comecei a ficar frustrada cada vez que o meu salário caía na conta, pois ele ia embora no mesmo dia e vivia no ciclo insano do dinheiro: trabalhando para viver e vivendo para trabalhar. Sem perspectivas de melhorar o ambiente onde eu estava e sem perspectiva de melhorar financeiramente.

Foi aí que comecei a buscar conhecimento para adquirir inteligência financeira, fiz cursos de *coaching* financeiro e desenvolvimento pessoal, *Master in Business Administration* (MBA) em finanças e curso de Neurociências aplicadas à gestão de negócios. Foi um caminho sem volta: apaixonei-me pelo processo e, principalmente, em conhecer essa máquina extraordinária que temos dentro de nós chamada cérebro.

Enquanto estudava, organizava-me financeiramente e comecei a olhar ao meu redor e a ver que eu não estava sozinha. Mais de 90% das pessoas que conviviam comigo viviam uma vida financeira totalmente bagunçada achando que estavam felizes, mas na verdade estavam vulneráveis a qualquer intempérie que a vida trouxesse.

Foi o que aconteceu com uma amiga muito próxima a mim, que perdeu seu marido e seu filho de 2 anos em um acidente de carro. Diante de um desastre desse, a vulnerabilidade financeira deixou a situação ainda mais difícil, pois agora teria de arcar com todos os custos do velório, enterro, das contas a pagar e sobreviver sozinha e doente a partir daquele momento. A vulnerabilidade financeira agrava os imprevistos que a vida nos traz. Assim, com este caso descobri que não posso evitar que as circunstâncias difíceis aconteçam, mas posso fazer com que as minhas finanças deixem esse momento menos sofrido ou, pelo menos, que elas não agravem a situação, que por si só já é tão difícil.

De lá para cá foi questão de tempo para eu estar com a minha vida financeira totalmente em ordem, as emoções no lugar e, assim, pude me preparar para uma transição de carreira, quando dei o meu grito de liberdade. Desenvolver a inteligência financeira a partir do estudo do funcionamento humano e das neurociências aplicadas fez-me ver o mundo de outra forma.

Foi após esse despertar que cheguei até aqui. E agora vou lhe contar um dos maiores aprendizados que tive ao estudar de forma mais aprofundada o nosso processo de tomada de decisões financeiras.

Em primeiro lugar, entenda que a forma como você lida com o dinheiro não é nada racional. Pelo contrário, uma decisão de compra que você faz está muito mais ligada ao prazer e à satisfação que aquele bem ou serviço tem a lhe oferecer do que necessariamente ao custo financeiro que irá lhe gerar. Ela está intimamente ligada à sua visão de mundo, ao seu ego, às suas mazelas emocionais, aos seus hormônios, à sua história de vida e a tantos outros quesitos psicológicos que você nem imagina.

O fato é que o seu sucesso ou insucesso financeiro não se trata de habilidade técnica ou de quão bom você é com planilhas e números, mas sim de uma habilidade pessoal, em que o seu comportamento é mandatório e tem um peso muito mais significativo que o próprio conhecimento.

E quero chamar a sua atenção para esse tema pelo simples fato de que, sem conhecer a forma como o seu cérebro funciona em relação às decisões financeiras (e de vida) que você toma, você fica à mercê de ações massivas de *marketing*, que usam estratégias supereficientes para fazer você cair em armadilhas e direcionam as suas escolhas para o melhor (para eles, é claro.). E isso impacta tanto as suas escolhas no que tange às compras de bens e serviços como para produtos de investimentos.

Em linhas gerais, seu eu lhe perguntasse hoje: o que seria para você o *script* de uma vida financeira saudável? Provavelmente sua resposta seria: controlar as finanças, investir dinheiro e ficar rico.

Mas então eu lhe pergunto: se é tão simples assim, por que as pessoas (e até você mesmo) não fazem isso?

As pessoas não vivem o *script* perfeito para uma vida financeira saudável pelo simples fato de que a sua capacidade de raciocínio é limitada, e isso as leva a tomarem decisões mais rápidas, intuitivas e irracionais, baseadas nas experiências pessoais e singulares que parecem fazer sentido para elas naquele momento.

Então, como o seu cérebro toma as decisões financeiras, afinal?

Ele toma as decisões de forma inconsciente e utiliza-se de regras simples baseadas em experiência, emoção e reconhecimento, que são chamadas de heurísticas pela Economia Comportamental.

Devido à importância desse tema, vou aprofundá-lo aqui neste capítulo.

Quando falo de heurísticas, estou falando de atalhos que nosso cérebro encontra para resolver um problema ou fazer julgamentos de uma maneira mais rápida e eficiente. São regras que simplificam a tomada de decisão.

Pela escassez de recursos como tempo, dinheiro, energia, memória, dentre outros, nosso cérebro nos poupa de pensar na mesma informação todas as vezes que repetimos algum tipo de ação ou comportamento e, por isso, acaba recorrendo a esses atalhos, simplificando as coisas e otimizando os recursos que tem para evitar gastá-los analisando todos os detalhes.

Esse ganho de tempo na tomada de decisões pode ser útil em diversas situações do nosso dia a dia, mas algumas heurísticas também podem nos levar a cair em certos vieses cognitivos que são erros de julgamentos na tomada de decisão, são tendências de comportamento que nos induzem a fazer aquilo que demanda menos energia para se pensar e executar, e não aquilo que seria o mais certo a fazer, racionalmente falando.

Agora vou lhe mostrar alguns exemplos práticos de heurísticas que afetam sua vida diretamente e você nem se dá conta. Não falarei de todos aqui, mas vale a pena uma pesquisa e um estudo aprofundado sobre o tema.

Heurística da disponibilidade

Os seres humanos aprendem pela experiência. Se algo foi uma boa escolha da última vez, é muito provável que também seja uma boa escolha agora. A heurística da disponibilidade acontece, então, quando você está tentando tomar uma decisão e uma série de eventos ou situações relacionadas vêm à sua mente imediatamente.

Por exemplo: quando você vê uma notícia sobre a queda de um avião e faz um julgamento de que voar é mais perigoso do que viajar de carro, mesmo sabendo que a probabilidade de um acidente aéreo acontecer é drasticamente menor do que a probabilidade de sofrermos um acidente no trânsito. Isso faz com que grande parte das pessoas opte por viajar de carro, por achar esse meio de transporte mais seguro. O que está bem longe da realidade.

Como isso afeta a sua vida como investidor?

De várias formas, por exemplo: olhar a rentabilidade passada de um investimento e investir nele somente porque acredita que ele vai continuar subindo initerruptamente ou, ainda, não investir dinheiro porque há alguns anos houve o confisco dos saldos da poupança no governo Collor.

Heurística do afeto

A forma como nos sentimos em relação às nossas escolhas também importa. A heurística do afeto diz se algo nos faz sentir bem ou não. Se nos faz sentir bem, então é uma boa escolha.

E onde se encontra o risco? Bem, as pessoas são mais propensas a enxergarem maiores benefícios e riscos menores se elas estiverem com um bom humor. E o oposto também é verdadeiro. Pessoas com emoções negativas tendem a focar nos resultados ruins que uma decisão pode trazer, no lugar dos possíveis benefícios.

Como essa heurística pode afetar negativamente a sua vida financeira.

Pessoas induzidas pela heurística do afeto tendem a ter algumas atitudes nada racionais como, por exemplo, comprar para aliviar um sentimento ruim, ir ao restaurante mais caro (que muitas vezes nem é tão bom assim) pela nostalgia da memória da infância ou ainda investirem em companhias que produzem produtos de que elas gostam ou que trazem uma memória afetiva prazerosa.

Heurística de reconhecimento

Os serem humanos são extremamente bons em detectar padrões, escaneando o ambiente em busca de regularidades que os permitam avançar rapidamente para a tomada de decisões.

Por exemplo: toda vez que você reconhece um rosto na multidão, você está utilizando a heurística de reconhecimento. Ela determina que se você reconhece algo de forma rápida e fácil, então é uma boa escolha. O reconhecimento acaba acelerando a decisão.

Como essa heurística pode afetar negativamente a sua vida financeira.

A heurística de reconhecimento atua, por exemplo, quando você escolhe em quais tipos de investimentos vai aplicar. O cérebro tende a reconhecer padrões e isso norteia as escolhas de um investidor. Basicamente, esse investidor faz um juízo de valor sobre alguns itens, o item que ele mais facilmente reconhecer será considerado de maior valor, portanto, estará apto a investir.

As heurísticas afetam todas as pessoas, sejam devedoras, poupadores ou investidores. Compreender as heurísticas em suas diversas facetas e quais são suas influências na tomada de decisão é uma importante ferramenta, que tornará sua vida financeira mais tranquila e seus investimentos mais inteligentes. E esse é o segredo do sucesso financeiro.

Foi entendendo isso que passei a prosperar financeiramente, ao ponto de hoje ajudar centenas de pessoas a prosperarem também se conhecendo mais a fundo, para tomar decisões financeiras mais assertivas.

Agora eu o convido a citar pelo menos três situações na sua vida financeira em que você identifique a atuação desses vieses e a colocar ao lado de cada uma delas um plano de ação para ser mais efetivo nas decisões e não se deixar ser levado por essas heurísticas.

(Referências ao final do livro.)

Seu cérebro toma as decisões financeiras de forma inconsciente e utiliza regras bem simples, baseadas em experiência, emoção e reconhecimento.

Adriana Vieira

Foto por: Tayla Nunes

ALAN FERREIRA

Sou Alan Ferreira, natural de Campos dos Goytacazes/RJ, moro com minha amada esposa Raquel Siqueira, somos casados há 12 anos e temos um filho, Ryan, que é nosso presente de Deus.

Sou mentor e educador financeiro, especialista em planejamento financeiro e finanças pessoais. Formei-me em Educação Física e fui atleta de basquete por quase 20 anos. Hoje me dedico a proporcionar prosperidade e qualidade de vida às pessoas por meio da educação financeira e faço isso por meio de mentorias financeiras individuais, em grupo e palestras.

Para mim é um enorme prazer compartilhar minha experiência, que adquiri com meus estudos e ensino, a qual está me ajudando a servir ao meu propósito de vida maior, que é tornar a vida de outras pessoas um pouco melhor por meio das finanças.

alanferreiramentor

+55 (22) 99966-5537

alanferreiramentor@gmail.com

DNA FINANCEIRO

2 PLANEJAMENTO ORÇAMENTÁRIO E ESTRATÉGIAS ECONÔMICAS

Por Alan Ferreira

Ao falar de planejamento orçamentário, sempre me vem à mente o meu pai no supermercado decidindo quais produtos poderíamos ou não levar para casa. É uma lembrança que hoje me ajuda a entender os desafios de quem cuida das finanças pessoais.

Eu só fui entender a importância de assumir o controle do meu dinheiro de verdade quando o meu filho nasceu, aos meus 34 anos. Antes disso acontecer eu e minha esposa vivíamos apagando incêndios, parcelando tudo no cartão, adiando viagens e sempre com medo de não conseguir pagar nossas contas no final do mês.

Por esse motivo, percebi que precisava buscar mais conhecimento sobre finanças, então entrei em um curso de investimentos de um amigo. Em menos de três meses, já estava com minhas contas equilibradas e fui convidado por ele para ajudar os outros alunos a organizarem suas vidas financeiras.

Ali descobri que eu tinha jeito para ser um educador financeiro e não parei mais. Fiz duas especializações em Finanças Pessoais e comecei a ajudar mais pessoas com meus conhecimentos e resultados nas finanças.

Eu consegui colocar minha vida financeira em ordem quando consegui entender como criar um planejamento orçamentário. Por esse motivo irei compartilhar com você, querido(a) leitor(a), os 3 pilares essenciais para se começar um planejamento orçamentário estratégico.

Pilar 1: mapear

O primeiro pilar é o mapeamento financeiro, é preciso identificar como anda a real situação das suas finanças atuais.

Começar levantando dados financeiros é uma excelente forma de fazer isso. Anote em um papel quais foram suas últimas receitas, despesas e fatura do seu cartão de crédito para entender seu saldo mensal.

Esses dados serão a base da construção do seu planejamento e por isso você deve registrar todos os dados possíveis agora. Não se preocupe se não lembrar de todos imediatamente. Baseie-se nos gastos que fez no último mês e vá anotando à medida que for lembrando.

Faça também um levantamento das dívidas que estão pendentes até o momento, aquelas que não está conseguindo mais pagar. Mas tenha em mente que essas não entrarão agora na construção do orçamento, porque para pagar dívidas será necessário criar um plano de quitação de dívidas após o equilíbrio do orçamento.

É importante que você se concentre em anotar as receitas que recebeu, as despesas que fez e as parcelas do cartão que pagou no último mês.

Sobre as parcelas do cartão de crédito, muitas pessoas erram na hora de organizar as mesmas no orçamento, colocando o valor cheio do cartão, não faça isso.

Abra a fatura do seu cartão e anote, junto das despesas fixas, cada uma das despesas que se encontra dentro da fatura, com seus respectivos nomes, valores e números de parcelas.

Depois, some primeiramente os valores de todas as receitas, então os das despesas e faça a diferença entre elas para encontrar o saldo final do seu orçamento no mês atual.

Note que até agora estamos falando de avaliar o que você já fez no passado com sua vida financeira. Olhar para o que já foi feito até o momento vai lhe ajudar a identificar e entender gastos e decisões financeiras que não deveriam estar em seu orçamento no momento.

No segundo pilar iremos reunir todos esses dados e começar a organizar cada coisa em seu lugar. Isso será crucial para construir um planejamento futuro e que lhe permita assumir o controle do seu orçamento mensal.

Pilar 2: organizar

Organizar as finanças é como arrumar seu guarda-roupas, você sabe tudo que tem lá dentro, mas para encontrar o que quer com facilidade tem que colocar cada coisa em seu lugar.

A melhor forma de organizar as finanças é utilizando um método de orçamento. Quero lhe apresentar aqui o método 50/30/20[1].

1 Criado e apresentado por Elizabeth Warren e Amelia Warren Tyagi no livro *All Your Worth:* The Ultimate Lifetime Money Plan, popularizado em 2005.

Ele consiste em que 50% da sua receita sejam distribuídos para suas despesas essenciais, aquelas despesas que você não consegue viver sem, tais como: condomínio, alimentação, conta de água e luz, entre outras.

Os próximos 30% da sua receita devem ser destinados para suas despesas de estilo de vida. São as despesas importantes para seu desenvolvimento pessoal, mas negociáveis caso precise, tais como lazer, academia, presentes, entre outros.

Por último, 20% devem ser reservados para seus investimentos, tais como quitação de suas dívidas, começar uma reserva de emergência ou investir para sua liberdade financeira, nessa ordem.

Suponha que seu salário seja de R$ 4.000,00. Assim:

- R$ 2.000,00 (50%) seriam para gastos essenciais;
- R$ 1.200,00 (30%) para gastos de estilo de vida;
- R$ 800,00 (20%) para focar em investimentos.

Entendo que viver com 50% das suas despesas destinados a gastos essenciais possa vir a ser um desafio para qualquer pessoa. Mas, quando for criar seu orçamento, seja flexível e faça os ajustes necessários de acordo com a sua realidade, por exemplo: se hoje sua prioridade for focar em pagar suas despesas essenciais, não existe o problema de elas passarem dos 50%. Tenha em mente que, caso isso aconteça, basta ajustar as outras porcentagens de forma que, ao final da distribuição, você tenha pelo menos de 10% a 20% sobrando para a categoria de investimentos.

A seguir vou deixar um passo a passo para você começar a criar seu orçamento na prática utilizando uma ferramenta financeira, a qual pode ser tanto uma planilha ou um caderno de anotações ou um aplicativo financeiro gratuito.

1. Use uma planilha de Excel ou um caderno pessoal.
2. Preencha os dados de receita e despesas no mês atual, utilizando como referência os dados levantados.
3. Comece preenchendo as receitas.
4. Preencha as despesas essenciais.
5. Preencha as despesas de estilo de vida.
6. Coloque as despesas do cartão na categoria de despesas fixas.
7. Calcule a diferença entre as despesas e as receitas para encontrar o saldo total do mês atual.
8. Determine um limite de gastos para cada uma das despesas anotadas.

9. Repita o processo de preenchimento para os dois meses a seguintes.

10. Faça um acompanhamento das despesas no mês e faça ajuste se necessário.

Utilize os dados que levantou no primeiro momento como referência para determinar quais serão os valores dos seus próximos gastos. No próximo pilar, iremos falar de como irá planejar suas próximas decisões financeiras em seu orçamento.

Pilar 3: planejar

Planejar é olhar para o futuro com a intenção de assumir o controle das suas decisões, por isso é importante priorizar o que faz mais sentido para você em sua vida financeira.

Agora é hora de pensar em quais são suas prioridades financeiras, começando pelos 20% dos investimentos. Faça uma análise e responda: hoje você precisa se livrar de alguma dívida? Já tem uma reserva financeira para lidar com imprevistos financeiros? Como quer chegar à sua aposentadoria? Ao organizar e identificar que você está com as finanças equilibradas, sobrando algum dinheiro, esse é o momento ideal para começar um plano de reserva de emergência e quitar as dívidas que se encontram pendentes.

Quero que anote isto: "Para construir uma vida financeira saudável e equilibrada é preciso se livrar de suas dívidas primeiro".

Então pegue a lista das dívidas que fez no primeiro momento e coloque em ordem de prioridades para se livrar de uma por uma. Mantendo o seu orçamento equilibrado e respeitando os limites que estabeleceu para cada despesa, você irá conseguir avançar até que comece a se livrar de todas as dívidas.

Entretanto, caso seu orçamento tenha fechado negativo, utilize a técnica RSC (reduzir, substituir, cortar) no seu orçamento.

Volte a cada uma das despesas e analise cada uma delas fazendo as seguintes perguntas.

- Posso reduzir esta despesa?
- Posso substituir esta despesa?
- Posso cortar esta despesa do meu orçamento?

Ao final dessa análise é possível perceber que algumas despesas podem não ser tão essenciais no momento e que vale a pena o sacrifício para equilibrar as contas.

Outra opção é começar a levantar uma renda extra para quitar essas dívidas, isso pode ser momentâneo e vai ajudar muito no sucesso das suas finanças.

Assim que conseguir chegar ao equilíbrio do seu orçamento e puder poupar algum dinheiro no final do mês, não perca tempo, siga esta ordem e comece a planejar seu crescimento financeiro:

1. quite todas as suas dívidas;
2. inicie uma reserva de emergência;
3. invista para seu futuro.

Quando estiver conseguindo pagar suas dívidas, não espere quitar todas elas para começar sua reserva de emergência. Distribuía dentro desses 20% uma parte para quitar as dívidas e outra parte para começar a sua reserva.

Aproveite esse momento para ir estudando conceitos básicos sobre investimentos, para entender como investir para sua reserva de emergência, isso vai ajudá-lo(a) a chegar mais rápido a suas metas.

Por fim, é importante entender que na construção do seu planejamento financeiro você vai precisar aprender algumas técnicas de economia para maximizar seus resultados.

Deixarei como bônus 5 estratégias de economia para você colocar em prática na hora de tomar uma decisão financeira e que irão lhe ajudar a economizar muito dinheiro no dia a dia.

Cinco estratégias de economia financeira

1) Analisar mensalmente os gastos em busca de "ralos" no orçamento.

2) Esperar pelo menos 3 dias antes de fazer uma compra fora do orçamento.

3) Pedir desconto (pessoas ricas pedem desconto).

4) Não pagar tarifas bancárias (usar conta essencial e ter conta em banco digital).

5) Não sair de casa sem uma lista de compras e se manter fiel à ela.

Inspirar

Este tópico é um convite para você iniciar a sua jornada financeira. Cada palavra que dediquei aqui é um lembrete de que é possível conquistar a vida financeira que queremos, basta ter vontade e o conhecimento certo. Se eu consegui, tenho certeza que você também conseguirá!

Seu futuro financeiro começa agora! Coloque em prática hoje mesmo o que aprendeu por aqui. Se precisar de ajuda, entre em contato comigo em minhas redes sociais. Será um prazer ajudá-lo(a) nesta jornada!

(Referências ao final do livro.)

Se você não estiver alcançando uma meta porque tem um obstáculo, esse obstáculo deve ser sua meta principal.

Alan Ferreira

ALEVKA PLASTER

Meu nome é Alevka Plaster, resido em Serra/ES com meu marido Murilo e nosso cachorro Bolt.

Sou apaixonada pelo mundo dos investimentos, o que me levou a me tornar assessora de investimentos e sócia na InvestSmart, escritório líder no ranking G20 da XP Investimentos. Além disso, possuo a certificação da Ancord, um marco importante para profissionais da minha área.

Também sou advogada, com especializações em Direito Processual Civil pela Faculdade de Direito de Vitória (FDV) e em Direito Penal pela Damásio Educacional.

Essas áreas proporcionam-me uma visão ampla e aprofundada, tanto do ponto de vista legal quanto do financeiro, permitindo-me oferecer uma assessoria de alta qualidade para meus clientes.

alevkaplaster

+55 (27) 99933-2740

Alevka Plaster

alevka.plaster@investsmart.com.br

DNA FINANCEIRO

3 PLANEJANDO O AMANHÃ

Por Alevka Plaster

Introdução: a aposentadoria feliz

A transição para a aposentadoria é um marco significativo na vida, representando não apenas o fim de uma era de trabalho duro, mas também o início de um novo capítulo repleto de liberdade e oportunidades. A chave para uma aposentadoria feliz e satisfatória reside no planejamento cuidadoso e na preparação antecipada, tanto financeira quanto emocionalmente. Mas como podemos assegurar que essa transição seja tão tranquila quanto esperamos?

Imagine a aposentadoria como uma longa viagem para um destino dos sonhos. Para que a viagem seja bem-sucedida, é preciso planejar a rota, preparar um orçamento, considerar as acomodações e, claro, sonhar com as experiências que deseja viver. Da mesma forma, o planejamento da aposentadoria requer uma estratégia bem pensada, que abranja desde a economia e investimentos até o estilo de vida e as relações pessoais.

A base de uma aposentadoria feliz é construída sobre sólidos pilares financeiros. Isso significa compreender suas necessidades futuras, estabelecer metas claras de economia e investir sabiamente. No entanto, o aspecto financeiro é apenas uma parte da equação. Preparar-se emocionalmente para a aposentadoria é igualmente importante. Isso inclui identificar como você deseja passar seus dias, reconhecendo o valor das relações sociais e mantendo um propósito de vida claro.

Além disso, é fundamental abraçar a flexibilidade e a abertura para ajustar seus planos conforme necessário. A vida pode apresentar surpresas e estar preparado para adaptar-se é uma habilidade valiosa. Encarar a aposentadoria com uma mentalidade positiva e proativa pode transformar essa fase da vida em uma das mais gratificantes e enriquecedoras.

Este capítulo irá guiá-lo(a) por meio de estratégias práticas e conselhos para planejar sua aposentadoria com confiança e otimismo. Desde construir uma reserva financeira robusta até cultivar um estilo de vida saudável e significativo, nosso objetivo é ajudá-lo a criar um plano que não apenas sustente seu estilo de vida, mas que também lhe permita florescer na aposentadoria.

Construindo uma reserva financeira robusta

A fundação de uma aposentadoria tranquila é, sem dúvida, uma reserva financeira robusta. Como um agricultor que prepara o solo antes da semeadura, o planejamento financeiro requer que preparemos o terreno para nossos anos dourados com a mesma dedicação e cuidado.

Primeiramente, é essencial começar cedo. O poder dos juros compostos é um imenso aliado na construção de riqueza a longo prazo. Imagine plantar uma árvore: quanto mais cedo você plantar, maior e mais frondosa ela será, oferecendo sombra e frutos abundantes no futuro. Da mesma forma, iniciar seus investimentos cedo pode significar a diferença entre uma aposentadoria confortável e uma luta financeira.

Diversificar é o próximo passo fundamental. Assim como um jardim floresce com uma variedade de plantas, um portfólio de investimentos diversificado pode ajudar a proteger contra os altos e baixos do mercado. Investir em uma mistura de ativos, como ações, títulos e imóveis, pode reduzir o risco e aumentar as chances de um retorno financeiro saudável.

Além disso, viver dentro de suas possibilidades e economizar consistentemente são práticas fundamentais. É tentador viver apenas o momento, mas a verdadeira liberdade financeira vem da disciplina e do planejamento a longo prazo. Estabelecer metas claras de economia e aderir a um orçamento pode ser comparado a seguir uma receita culinária: cada ingrediente deve ser medido com cuidado para garantir o sucesso do prato final.

Por fim, buscar orientação financeira profissional pode ser um passo sábio. Navegar pelo mundo dos investimentos e planejamento financeiro pode ser complexo, e um especialista financeiro pode oferecer a expertise necessária para maximizar suas economias e investimentos.

Construir uma reserva financeira é um processo contínuo que requer paciência, disciplina e uma abordagem estratégica. Com os passos certos, é possível assegurar uma aposentadoria não apenas confortável, mas verdadeiramente próspera.

Maximizando rendas para a aposentadoria

A chave para uma aposentadoria confortável não reside apenas em economizar, mas também em maximizar as fontes de renda disponíveis. É como ter vários rios alimentando um lago; quanto mais rios, mais cheio e próspero o lago se torna.

Uma estratégia eficaz é aproveitar ao máximo os planos de previdência privada. Contribuir o máximo possível, especialmente se o empregador igualar as contribuições, é como encontrar água em um deserto. Esse dinheiro "grátis" pode significar um aumento significativo no seu lago de aposentadoria.

Outra abordagem é criar fontes de renda passiva. Investir em ações que pagam dividendos é um exemplo de como fazer seu dinheiro trabalhar por você, mesmo enquanto dorme. Essas fontes de renda podem ser pequenas correntes no início, mas com o tempo e a gestão adequada podem se tornar rios abundantes.

Não subestime também o poder de um *hobby* ou paixão. Muitas vezes, essas atividades podem ser transformadas em pequenos negócios que geram renda extra. Seja dando aulas de música ou escrevendo um *blog*, essas são formas de complementar a renda de aposentadoria enquanto se faz algo que ama.

Por fim, é imprescindível revisar e ajustar suas estratégias de investimento regularmente. O mercado muda, e o que funcionou ontem pode não ser a melhor opção amanhã. Manter-se informado e adaptável é como navegar com sucesso pelas correntezas rumo à tranquilidade financeira na aposentadoria.

Maximizar as rendas para aposentadoria é um processo dinâmico. Abordá-lo com uma estratégia diversificada e proativa pode assegurar que os anos de aposentadoria sejam vividos com a abundância e tranquilidade que merecemos.

Gerenciando riscos e incertezas

Navegar pelos riscos e pelas incertezas é crucial para proteger seu ninho de aposentadoria. A diversificação de investimentos é fundamental; e não se esqueça daquela famosa frase: "Não coloque todos os ovos na mesma cesta". Investir em diferentes classes de ativos, como ações, títulos e imóveis, pode ajudar a mitigar riscos.

Além disso, é importante preparar-se para despesas inesperadas. Ter um fundo de emergência robusto de 6 a 12 meses dos seus gastos fixos, separado de suas economias de aposentadoria, pode oferecer uma rede de segurança para gastos imprevistos, como cuidados com a saúde.

Adicionalmente, garantir que sua família esteja confortável e segura financeiramente é uma peça fundamental no quebra-cabeça da aposentadoria dos sonhos. Isso implica estabelecer um plano financeiro sólido que não apenas cubra suas necessidades, mas também as de seus entes queridos após sua partida. A consideração de seguros de vida e a estratégia de investimentos para deixar um legado são aspectos cruciais para um bom planejamento sucessório.

Por fim, manter-se informado e adaptável às mudanças econômicas e às condições de mercado pode ajudar a ajustar sua estratégia de aposentadoria conforme necessário, garantindo uma aposentadoria mais segura e confortável.

Vivendo a aposentadoria dos sonhos

A aposentadoria é uma fase para colher os frutos de anos de trabalho árduo e planejamento cuidadoso. Mas como garantir que ela seja tão gratificante quanto imaginamos? Primeiramente, é essencial viver dentro de suas possibilidades. Isso não significa renunciar a tudo, mas encontrar um equilíbrio saudável entre aproveitar o presente e proteger seu futuro financeiro.

Encorajamos a criação de um orçamento de aposentadoria que reflita seus objetivos e prioridades de vida. Se viajar é importante para você, por exemplo, planeje suas finanças de modo a incluir essas experiências. A tecnologia pode ser uma grande aliada aqui, com aplicativos de gerenciamento financeiro facilitando o acompanhamento de gastos e a economia para objetivos específicos.

Além disso, manter um convívio social ativo e um estilo de vida saudável são fundamentais para uma aposentadoria feliz e plena. O envolvimento com a comunidade e a manutenção de relações significativas contribuem para o bem-estar emocional, enquanto uma rotina de exercícios e uma dieta balanceada apoiam a saúde física.

Viver a aposentadoria dos sonhos é possível com planejamento, flexibilidade e uma abordagem equilibrada para a vida. Ao priorizar suas paixões e cuidar de sua saúde financeira, física e emocional, você pode desfrutar de uma aposentadoria verdadeiramente gratificante.

Recapitulação e próximos passos

Ao longo deste capítulo, navegamos pelas águas, por vezes turbulentas, do planejamento para a aposentadoria. Aprendemos a importância de maximizar rendas, ajustar expectativas e estilo de vida, e a necessidade de preparar um plano financeiro robusto para sustentar nosso modo de vida pós-carreira.

Agora, munidos de conhecimento e estratégias, o próximo passo é colocar essas ideias em ação. Comece avaliando sua situação financeira atual e estabeleça metas claras para sua aposentadoria. Lembre-se, é fundamental começar o quanto antes, e nunca é tarde para dar o primeiro passo.

Implemente um plano de ação que inclua contribuições regulares para suas economias de aposentadoria, diversifique suas fontes de renda, e esteja sempre aberto a ajustar seu plano conforme sua situação financeira e o mercado evoluem.

Considere também buscar aconselhamento financeiro profissional. Um especialista pode oferecer *insights* valiosos e ajudá-lo(a) a evitar armadilhas comuns.

Finalmente, mantenha-se informado(a) e educado(a) sobre finanças pessoais. O aprendizado contínuo é uma ferramenta poderosa que pode ajudá-lo(a) a tomar decisões financeiras sábias e manter-se no caminho certo para uma aposentadoria tranquila e segura.

Lembre-se, a jornada para a aposentadoria é única para cada indivíduo. Com paciência, planejamento e persistência, você pode construir um futuro financeiro sólido que permita desfrutar de seus anos dourados com a tranquilidade que você merece.

A aposentadoria não é o fim de uma jornada, mas o início glorioso de um capítulo em que liberdade e realização dançam ao ritmo de suas escolhas.

Alevka Plaster

ALICE KLEIN

Sou Alice Klein e moro em Santa Rosa/RS com meus filhos Nicoli e Murilo. Formei-me em Administração e possuo especializações em Educação Financeira e em Formação Pedagógica para Professores de Gestão de Negócios.

Sou mentora e professora na área de planejamento estratégico e gestão financeira, com experiência profissional tanto no setor público quanto no privado, com abrangência em diversas áreas. Essa trajetória possibilitou-me ampliar horizontes e, em 2023, a realizar uma transição de carreira para me dedicar à mentoria em gestão empresarial, com foco nos pilares financeiro, estratégico e técnico, ajudando empresários a prosperar juntamente com suas empresas.

alicekleingestaoempresarial

+55 (55) 99703-3054

http://www.linkedin.com/in/alice-klein1079

www.alicekleingestao.com.br

DNA FINANCEIRO

4

ENFRENTANDO DESAFIOS FINANCEIROS COM CONFIANÇA

Por Alice Klein

Desde o momento em que nascemos, enfrentamos desafios em diferentes níveis de exigência. A maneira como lidamos com cada dificuldade define os resultados que alcançamos em nossas vidas. Quando nos desafiaram a respirar ou a chorar para receber alimento, ninguém o fez por nós. Algumas pessoas talvez tenham nos ajudado, mas em algum momento precisamos assumir o papel principal nessa jornada. Por que seria diferente na vida financeira? O dilema surge quando romantizamos aspectos cruciais de nossa vida, o que leva à procrastinação de nosso progresso e, em muitas ocasiões, acabamos por deixá-lo de lado. Neste capítulo, mais do que deixar um legado de aprendizado, quero convidar você a partir deste momento e a ser o protagonista de sua vida buscando a sua prosperidade.

Enfrentar desafios financeiros é uma habilidade essencial no mundo atual, embora não seja uma tarefa simples. Lidar com questões financeiras é desafiador, árduo, mas com dedicação e foco constantes nas nossas tomadas de decisão, podemos melhorar nossa situação financeira e alcançar nossos objetivos. É fundamental estar preparado(a) para enfrentar os desafios que podem surgir de diversas maneiras, como despesas inesperadas, perda de emprego, doenças ou dívidas. As dívidas são de fato um dos maiores desafios para a saúde financeira de uma pessoa ou empresa. Quando não gerenciadas adequadamente, as dívidas podem se acumular, resultando em juros altos e pagamentos mensais que se tornam difíceis de serem quitados. Infelizmente, os índices de endividamento no nosso país têm aumentado significativamente. Muitos jovens acabam iniciando suas dívidas enquanto ainda moram na casa dos pais. É importante que haja conscientização sobre educação financeira desde cedo, para que os jovens possam tomar decisões mais conscientes e responsáveis em relação ao seu dinheiro, criando hábitos saudáveis desde a infância

Independentemente da situação financeira, é preciso decidir focar em **um planejamento financeiro**, pois já testemunhei milionários ficando pobres e pessoas de poucos recursos enriquecendo. Isso nos faz perceber que não se trata apenas de ter dinheiro, mas sim **como lidamos com as consequências das escolhas que fazemos**, pois é ali que colocamos o nosso dinheiro. Ambas as consequências exigem sabedoria e equilíbrio emocional. Ao lidarmos bem com nossas emoções, conseguimos tomar decisões mais acertadas e reagir de forma adequada em momentos desafiadores, mantendo o foco nos fatos. Indivíduos emocionalmente equilibrados conseguem manter o foco, estabelecer prioridades, eliminar distrações, transformar aprendizados em conhecimento e se tornar mais resilientes. Além disso, a estabilidade emocional ajuda-nos a manter relacionamentos saudáveis, tanto pessoais quanto profissionais, o que pode abrir portas para oportunidades de crescimento e sucesso. Ao cultivar o equilíbrio emocional, podemos construir uma base sólida para alcançar a prosperidade em todas as áreas de nossa vida.

Planejamento e **disciplina** são palavras-chave que definem o caminho para alcançar a prosperidade desejada. Eles são fundamentais para alcançar o sucesso e a prosperidade em qualquer área da vida. O planejamento permite que se estabeleçam metas claras e um roteiro para alcançá-las, enquanto a disciplina é a força que impulsiona a pessoa a seguir esse caminho mesmo diante de obstáculos e tentações. Ter um plano bem estruturado e a disciplina necessária para segui-lo são a chave para atingir os objetivos desejados e conquistar a prosperidade almejada. É importante lembrar que, embora nem sempre seja fácil manter o foco e a disciplina, os resultados valerão a pena no final.

Planejamento financeiro no curto, médio e longo prazos: ao planejar suas finanças, é crucial ter consciência da importância desse processo. Comece priorizando a segurança financeira, focando o essencial para garantir a sobrevivência. Desenvolver um plano financeiro realista e detalhado é fundamental, e deve envolver uma análise minuciosa de suas receitas, despesas e dívidas. Após relacionar esses itens, é possível perceber oportunidades de economia, pois fazer um plano de ação para redução de gastos ou otimização de recursos é um diferencial importante que pode ser acrescentado ao planejamento. É preciso estar aberto(a) a buscar oportunidades de renda adicional que possam ajudar a equilibrar seu orçamento. Uma maneira de aumentar seus rendimentos é por meio de um emprego extra, seja em período parcial ou temporário, que possa fornecer um impulso financeiro significativo. Além disso, o *freelancing* ou os trabalhos autônomos também podem ser uma opção viável para se ganhar dinheiro extra, o que permite flexibilidade de horários e a possibilidade de explorar suas habilidades e paixões. Ao considerar essas oportunidades de renda adicional, você pode melhorar sua situação financeira e alcançar seus objetivos mais rapidamente.

Metas de prosperidade

Após a etapa inicial de análise, defina metas financeiras que impulsionem seu progresso financeiro. Evite investir em algo que aumente suas despesas, como mudar para uma casa maior ou trocar de carro. Avalie o impacto financeiro e verifique se é o momento adequado, tomando decisões com base na razão, não na emoção. Verifica-se, durante os atendimentos, que as pessoas, ao conseguirem fazer um bom progresso na primeira etapa, se deslumbram com metas que trazem ativos para seu orçamento, aumentando seus custos. Ao estabelecer metas de prosperidade, é essencial focar em investimentos que possam gerar retornos consistentes, como renda passiva. Traçar metas claras e alcançáveis é fundamental para o sucesso financeiro a longo prazo. Ao definir objetivos específicos e mensuráveis, você cria um plano estruturado e sólido. Seja realista em suas metas, mas também desafiador, para motivar seu crescimento pessoal e financeiro. Lembre-se de revisar e ajustar suas metas regularmente conforme avança em direção à sua prosperidade financeira.

Monitoramento

Acompanhar o seu progresso regularmente é fundamental para manter a motivação e o foco em seus objetivos. Ao verificar periodicamente como está evoluindo, você pode identificar áreas que precisam de ajustes, comemorar suas conquistas e manter-se no caminho certo. Estabelecer metas claras e mensuráveis, registrar seu progresso e celebrar cada marco alcançado são estratégias eficazes para manter a motivação em alta. O progresso nem sempre é linear, mas cada passo conta rumo ao seu sucesso final.

Segurança

Verificam-se, nos atendimentos tanto de pessoas físicas como empresas, os relatos de valores perdidos em investimentos fraudulentos. Investir seu dinheiro é uma decisão importante, que pode afetar tanto sua situação financeira quanto emocional. Para evitar cair em golpes financeiros, é essencial ser cauteloso e desconfiar de promessas de altos retornos imediatos. Antes de investir, certifique-se de pesquisar e verificar a reputação da empresa em órgãos oficiais e reguladores do mercado financeiro. Proteja-se e esteja sempre atento para evitar possíveis fraudes que possam causar danos significativos. Busque conhecimento para ter uma carteira diversificada.

Investimentos em seguros de proteção patrimonial são uma medida crucial para garantir a segurança dos seus bens e propriedades. Esses seguros são projetados para proteger seu patrimônio contra uma série de eventos imprevistos, como incêndios, roubos, danos naturais, entre outros. Ao contratar um seguro de proteção patrimonial, você pode ter a tranquilidade de saber que, caso ocorra algum incidente, suas finanças e propriedades estarão protegidas. É essencial avaliar suas necessidades específicas e escolher um plano de seguro que atenda adequadamente às suas exigências, proporcionando a você e sua família a segurança e estabilidade necessárias.

Profissionais especializados

Investir em profissionais de educação financeira e investimentos é crucial, pois esses especialistas auxiliam na elaboração de um planejamento mais seguro. Assim como, para construirmos uma casa, contratamos um engenheiro para projetar e supervisionar a obra, juntamente com outros profissionais experientes, e reconhecemos a importância desse profissional para a segurança do empreendimento, da mesma forma, na vida financeira, ter um especialista proporciona segurança para o nosso patrimônio, mesmo quando sabemos os nossos objetivos financeiros.

Para alcançar a independência financeira e a prosperidade almejadas, é fundamental ter disciplina e lealdade consigo mesmo. É um processo que demanda esforço e dedicação, avançando um passo de cada vez. O segredo está em manter o foco e persistir, mesmo diante das adversidades. Lembre-se de que o caminho para o sucesso financeiro pode ser longo, mas com determinação e perseverança é possível alcançá-lo.

Relembrando, os principais elementos para enfrentar os desafios financeiros com confiança são: ter um plano financeiro sólido é a base para enfrentar contratempos inesperados; aprender a gerir e poupar dinheiro é essencial para lidar com as flutuações financeiras; estar disposto(a) a ajustar temporariamente o seu estilo de vida; manter uma mentalidade positiva e focada na resolução de problemas é essencial; além disso, recorrer à orientação financeira profissional é uma estratégia eficaz para superar dificuldades financeiras e segurar o seu patrimônio, oferecendo um suporte especializado e personalizado para suas necessidades.

Certamente, não podemos nos esquecer da importância de valorizar cada momento da nossa jornada, desde os aprendizados mais simples até as grandes conquistas. Cada passo dado nos leva em direção ao sucesso almejado, e é essencial reconhecer e apreciar cada etapa do caminho. Ser o protagonista da nossa própria história envolve orgulhar-se do progresso feito e da pessoa em constante evolução que somos. Portanto, lembre-se de desfrutar do percurso, pois é nele que encontramos as verdadeiras riquezas da vida.

A prosperidade financeira é um *direito* de todos, e é nosso *dever* organizar nossa vida para conquistá-la.

Alice Klein

ANA FERRARI

Olá! Sou a Ana Ferrari, natural de São Paulo/SP e resido em Belém/PA com minha querida filha Paola. Sou mentora e CEO da Ferrari Gestão Empresarial.

Superei desafios desde cedo, assumindo responsabilidades aos 12 anos por três irmãos menores e pela casa, após perder minha querida mãe.

Encontrei nos estudos a chave para um futuro melhor.

Sou graduada em Finanças pela Fundação Getúlio Vargas (FGV) e possuo formação em Educação Financeira pela Universidade do Sul Minas (UNIS/MG), com *expertise* em Educação Financeira DSOP e experiência no desenvolvimento financeiro de mais de 28 empresas. Tenho mais de 80 artigos sobre educação financeira publicados em mídias locais, como O Liberal, Diário do Pará, Record, Cultura e CBN.

Motivada pelo desejo de ajudar, dedico-me a transformar vidas por meio da educação financeira.

Acredite em seus **sonhos**.

Siga-me e inspire-se!

ferrarigestaoempresarial

www.anaferrari.org

DNA FINANCEIRO

5

TRANSFORMANDO SONHOS EM METAS FINANCEIRAS TANGÍVEIS

Por Ana Ferrari

Quem nunca se perdeu em pensamentos sobre algo que ardentemente deseja? Seja algo material ou imaterial, acumulamos tantos sonhos que a sensação de jamais realizá-los toma conta de nós. A correria do dia a dia, o tempo limitado e outras variáveis contribuem para essa crença. Mas, já reparou como na infância tudo parece mais fácil?

Se eu lhe perguntasse agora se você possui sonhos que podem ser tocados e realizados, ou aqueles que residem apenas no mundo da imaginação e dos desejos, qual seria a sua resposta mais rápida? Provavelmente, a resposta para os sonhos intangíveis e abstratos seria mais imediata, pois não exigem o uso do raciocínio lógico e da análise crítica para avaliar a sua viabilidade e concretização.

Este capítulo lhe oferece uma visão completa e poderosa para transformar seus sonhos em metas financeiras tangíveis e realizáveis. Por meio de um processo com passo a passo detalhado e prático, você aprenderá a definir metas SMART: construa um plano de ação personalizado e adaptado à sua realidade; desenvolva hábitos financeiros saudáveis e sustentáveis para alcançar a prosperidade.

Desvendando seus sonhos e aspirações

Imagine a cena: você acompanha um comercial na televisão, seja de um prêmio milionário, uma viagem dos sonhos ou a chance de realizar um grande desejo. Uma onda de esperança e empolgação lhe invade, a mente abre-se para a possibilidade de transformar o intangível em realidade. Sonhos materiais e imateriais tomam forma: uma televisão moderna para curtir filmes em família, um videogame de última geração para se divertir com os filhos, o carro dos seus sonhos que passa na novela das nove, a geladeira impecável que organiza e decora sua cozinha... A lista é infinita, e com ela surge a convicção de que dias melhores e realizações pessoais estão ao seu alcance.

A jornada de autoconhecimento

Para dar o primeiro passo nessa jornada, o autoconhecimento é fundamental. Assim, explore suas paixões, seus objetivos de vida, seus valores e a definição dos seus sonhos de curto, médio e longo prazo. Envolva toda a família nesse processo, criando um ambiente de união e colaboração.

Visualizando o futuro

Com o mapa interior traçado, é hora de construir uma visão clara e inspiradora de um futuro próspero e ideal. Imagine a vida que você deseja para si e para sua família em todos os aspectos: profissional, financeiro, familiar, social, de saúde e bem-estar. Essa visão será o seu guia e a sua motivação durante toda a jornada. Quando se pensa nos sonhos e se começa a ver as coisas de maneira mais alcançável, tudo fica mais claro e objetivo.

Organizando os sonhos

Para dar mais concretude aos seus sonhos, organize-os em categorias: educação, aposentadoria, reserva de emergência, quitação de dívidas, viagens, entre outras. Essa organização permitirá que você defina prioridades, trace metas e planeje ações estratégicas para alcançar cada objetivo.

Modelo SMART para sonhos tangíveis: transformando desejos em realidade

Com o modelo SMART, seus sonhos tangíveis transformam-se em objetivos concretos e realizáveis, guiando-o(a) na jornada para alcançar a vida que sempre desejou.

Para isso, siga estes passos simples e dê o primeiro deles em direção à concretização dos seus sonhos.

<u>Defina seu sonho tangível com clareza</u>: transforme o sonho vago em um objetivo preciso: "Comprar uma casa nova" torna-se "Comprar uma casa nova no Bairro X da Capital X, com valor máximo de Y reais, financiada através de X, até o final do próximo ano, com potencial de renda passiva através de aluguel a longo prazo." Consegue observar que, ao visualizar seu sonho de forma mais objetiva, tudo ficará mais claro?

<u>Estabeleça indicadores específicos</u>: o que você deseja alcançar? Uma casa nova com características específicas. Visualize a casa dos seus sonhos: tamanho ideal, número de quartos, localização desejada, características que tragam conforto e felicidade para você e sua família. Detalhes como um quintal para as crianças brincarem ou uma varanda com vista para a cidade podem tornar a sua casa ainda mais especial.

Quem está envolvido? Você, como protagonista da jornada, definindo o orçamento, as prioridades e o estilo que deseja para o seu novo lar; os membros da sua família, como seus maiores incentivadores, participando da escolha da casa e construindo memórias juntos; o corretor de imóveis, como seu guia experiente, que lhe auxiliará na busca pelo imóvel ideal, orientando sobre o mercado e as melhores opções; e a instituição financeira, uma parceira na conquista da casa, oferecendo opções de financiamento que se encaixam em seu orçamento.

Qual o resultado esperado? A posse da casa nova, a alegria de ter o seu próprio lar, um lugar seguro e aconchegante para construir a sua história. Possuindo uma renda passiva, se você decidir alugar o imóvel, esse ganho poderá ser uma fonte de lucro extra e contribuir para a sua segurança financeira.

Quais ações específicas serão realizadas? Pesquisar o mercado imobiliário, visitar imóveis, negociar o financiamento etc.

<u>Estabeleça indicadores mensuráveis</u>: acompanhe seu progresso com indicadores precisos: como você vai medir o progresso? Pelo valor das casas na região, valor das suas economias, tempo necessário para alcançar o valor total etc. Quais indicadores e métricas serão utilizados? Porcentagem do valor da casa já economizada, número de imóveis visitados etc. Defina metas precisas e quantificáveis: economizar X reais por mês, visitar Y imóveis por semana etc.

<u>Estabeleça indicadores atingíveis</u>: defina um objetivo desafiador, mas realista: O sonho é factível com os recursos e esforços disponíveis? Avalie o tempo em que deverá conseguir comprar o bem. Por exemplo: temos a meta de um ano para realizar a aquisição do bem. Quais valores mensais a pagar? As parcelas caberão no orçamento mensal? Tenho as habilidades e os conhecimentos básicos necessário do mercado imobiliário para concretizar tal aquisição? O mercado imobiliário está aquecido? Os valores estão em alta ou queda? Devido à grande oferta de casas, pode ser difícil encontrar uma que atenda às suas necessidades, demandando tempo e paciência. Considere o contexto: adapte o objetivo à sua realidade, ajustando metas e prazos, se necessário.

<u>Estabeleça indicadores relevantes</u>: alinhe o sonho com seus valores e prioridades: o sonho está de acordo com seus objetivos de vida? Ele contribui para o seu bem-estar e sua felicidade? Considere o impacto do sonho em sua vida e no mundo ao seu redor.

Estabeleça indicadores temporais: defina prazos específicos para cada etapa, esse é um momento muito importante, entre o sonho e a realidade. Qual o prazo final para realizar o sonho? Defina um prazo realista para a compra da casa. Crie um cronograma detalhado: divida o sonho em metas menores com prazos específicos para cada etapa do processo.

O modelo SMART é um guia flexível: adapte-o às suas necessidades, ao seu contexto e à sua realidade atual. Além disso, revise seus objetivos periodicamente: mantenha-os atualizados e relevantes à sua realidade.

Com esse modelo, você estará mais próximo de realizar seus sonhos tangíveis e construir a vida que sempre quis. No entanto, o sucesso depende do seu empenho e disposição em seguir em frente.

Estruturando um plano de ação

O primeiro passo para a conquista de seus objetivos é começar por uma análise profunda da sua situação financeira atual. Essa etapa é fundamental para entender seus recursos, identificar pontos de otimização e traçar um plano personalizado para alcançar seus sonhos.

Foco na renda líquida

Ao analisar sua renda, utilize como base o valor líquido, ou seja, o que você recebe após os impostos e outros descontos. Essa é a quantia que você realmente tem disponível para seus gastos e investimentos.

Exemplo:

Ganho mensal bruto: R$ 2.000,00.

Impostos e descontos: R$ 500,00.

Renda líquida: R$ 1.500,00.

Desvendando seus gastos

Com a renda líquida em mãos, é hora de analisar seus gastos. Categorize-os em:

- **essenciais:** moradia, alimentação, transporte e outros custos básicos.
- **discricionários:** entretenimento, viagens, lazer e outros gastos não essenciais.

Após a categorização, faça uma análise minuciosa: primeiro, compare suas receitas e despesas, identificando se você está gastando mais do que ganha. Na sequência, avalie seus gastos discricionários, buscando oportunidades de redução ou substituição por opções mais econômicas. Por fim, priorize seus objetivos, direcionando seus recursos para o que realmente importa para você.

Ferramentas úteis

- Aplicativos de controle financeiro: acompanhe seus gastos em tempo real e categorize-os de forma eficiente.
- Planilhas e orçamentos: crie um planejamento financeiro personalizado para suas necessidades.

Dominando suas despesas

Acompanhar suas despesas é fundamental para alcançar a liberdade financeira e realizar seus sonhos. Por meio da organização e do planejamento, você terá uma visão clara de seus gastos e poderá tomar decisões conscientes sobre como usar seu dinheiro.

Priorizando suas necessidades

Classifique suas despesas por categorias de prioridade, desde as essenciais até as menos importantes. Essa categorização o(a) ajudará a direcionar seus recursos para o que realmente importa. Veja a seguir exemplos de priorização.

1º lugar: prioridade essencial:

- alimentação;
- educação;
- moradia;
- saúde;
- transporte.

2º lugar: prioridade intermediária:

- entretenimento;
- lazer;
- vestuário.

3º lugar: prioridade baixa:

- despesas supérfluas.

Imagine agora um imprevisto como perda de emprego, doença ou um carro quebrado. Sem uma reserva de emergência, as contas tornam-se um fardo, gerando estresse e comprometendo seus planos. Mas, com a proteção da reserva, você enfrenta qualquer desafio com tranquilidade.

Cálculo simples: multiplique seus gastos mensais (moradia, alimentação, transporte etc.) por seis, para definir o valor ideal da sua reserva. Exemplo: um custo de vida de R$ 2.000,00 requer uma reserva de R$ 12.000,00 (seis meses de cobertura).

Investimento seguro

Aplique sua reserva em opções de liquidez diária (fundos de renda fixa, Tesouro Direto) para acesso rápido ao dinheiro quando necessário.

Benefícios inestimáveis

- Segurança: proteção contra imprevistos, evitando empréstimos e dívidas.
- Tranquilidade: paz de espírito para você e sua família.
- Liberdade: controle sobre suas finanças e seus objetivos.

Com este capítulo, que lhe servirá como bússola, você navegará com segurança pelas águas da vida financeira, conquistando a liberdade e a realização com que sempre sonhou.

Nunca desista de seus sonhos!

Nunca desista de seus sonhos!

Ana Ferrari

BRUNO VIEIRA E SAYONARA BORJAILE

Somos Bruno Vieira e Sayonara Borjaile, casados e pais do Vitor e do Artur, nossas maiores riquezas. Somos naturais de Belo Horizonte/MG e temos 43 e 42 anos, respectivamente.

Eu, Bruno, sou um investidor profissional com certificação CEA (Anbima) e maratonista. Por meio da corrida, aprendi a ter disciplina, persistência, controle emocional e resiliência, características fundamentais para um bom investidor.

Eu, Sayonara, sou educadora financeira *master*, analista comportamental e *life coach*. Passei de endividada a investidora, aplicando conceitos da educação financeira em minha vida. Sou especialista em ensinar casais a se organizarem financeiramente para alcançarem seus sonhos e desenvolverem hábitos financeiros saudáveis.

Juntos, já impactamos centenas de famílias em todo o Brasil, além de brasileiros residentes nos EUA, na Inglaterra e na Itália.

sayonaraborjaile

+55 (31) 98404-6006

www.sayonaraborjaile.com.br

DNA FINANCEIRO

6

O PERFIL DO INVESTIDOR: SUA ESTRATÉGIA SOB MEDIDA!

Por Bruno Vieira e Sayonara Borjaile

Alcançar resultados financeiros consistentes, proporcionar segurança financeira para sua família e realizar sonhos é o desejo de todos aqueles que decidem entrar no mercado financeiro e se tornar um(a) investidor(a). Independentemente do objetivo, todos começam do mesmo ponto de partida: personalizar uma estratégia de investimentos adequada ao seu perfil e que proporcione o resultado esperado com a tranquilidade necessária.

Cultivar essa tranquilidade requer conhecimento, compreensão e confiança do(a) investidor(a) em sua estratégia de investimento, bem como a disciplina para seguir seu plano, mesmo em momentos de incerteza. Ter autoconhecimento e compreender como é seu comportamento em momentos de instabilidade e de euforia do mercado financeiro torna-se fundamental, para que não ocorram tomadas de decisões baseadas em emoções impulsivas e que possam levar a resultados indesejáveis.

Em seu livro *A psicologia financeira* (2021), Morgan Housel cita que ser bem-sucedido financeiramente nem sempre tem relação com o que você sabe, mas com a forma como você se comporta. Aspectos como história pessoal, visão de mundo, ego, orgulho, ganância e dificuldades financeiras enfrentadas pelo(a) investidor(a) têm um peso considerável nas tomadas de decisão, principalmente quando se trata de investimentos.

Nesse contexto, conhecer o seu perfil de investidor(a) passa a ser então a primeira estratégia para se alcançar sucesso nos investimentos e tomar decisões assertivas baseadas em fatos e dados. O perfil do(a) investidor(a) é o resultado de um conjunto de características que determinam a tolerância ao risco, os objetivos e as expectativas de um(a) investidor(a) em relação aos seus investimentos. Além desses aspectos, a definição do perfil do(a) investidor(a) deve levar em consideração também a sua situação financeira, sua idade, seu conhecimento do mercado, o horizonte de investimento e a destinação que será dada ao dinheiro investido.

O perfil do(a) investidor(a) é determinado de maneira simples, por meio de testes, também conhecidos como *suitability*. Esses testes são oferecidos pelas corretoras de valores, pelas instituições e pelos agentes financeiros e representam uma etapa inicial no relacionamento cliente/instituição. As questões aplicadas abrangem três aspectos fundamentais, que formam o tripé dos investimentos: segurança, liquidez e rentabilidade. Por meio do resultado apresentado, é possível ofertar produtos que sejam adequados aos objetivos do(a) investidor(a) e guiá-lo(a) na escolha de opções, dentro do mercado financeiro, que mais se enquadrem em seu perfil.

Existem três categorias de perfis de investidor(a), e cada uma delas possui características distintas associadas à sua tolerância aos riscos, à necessidade de liquidez e aos objetivos financeiros. Além disso, se cada perfil possui características próprias, é natural que eles tenham também estratégias de investimento distintas e que se adéquem às suas necessidades, conforme veremos a seguir.

Perfil conservador

Características: esse perfil de investidor(a) prioriza a segurança em seus investimentos. Ele assume os menores riscos possíveis e tem como objetivo a manutenção do seu patrimônio. É o perfil que menos tolera perdas e falta de liquidez, além de renunciar a uma maior rentabilidade para mitigar esses riscos. Tem necessidade de ter conhecimento prévio de quanto será seu retorno, para que não tenha grandes surpresas no futuro.

Estratégias de investimento: a estratégia mais adequada para esse perfil é concentrar a maior parte do seu patrimônio (entre 80% e 90%) em investimentos de baixo risco e baixa volatilidade, como Tesouro Direto (Tesouro Selic), certificado de depósito bancário (CDB), letra de crédito imobiliário (LCI)/letra de crédito do agronegócio (LCA) e fundos de renda fixa simples. Entretanto, nada o impede de considerar alguns produtos de renda variável (os outros 10% a 20%), como fundos imobiliários, que permitem investimento no setor imobiliário com pouco dinheiro e possibilitam uma diversificação da carteira, com menor risco e recebimento de renda passiva mensal, isenta de imposto de renda.

Perfil moderado

Características: o investidor com perfil moderado reconhece a importância da segurança, mas se sente confortável ao renunciá-la em uma parcela do seu patrimônio para alcançar um rendimento maior no longo prazo. Geralmente, possui mais conhecimento do mercado e um patrimônio maior e em crescimento, o que lhe possibilita diversificar em diferentes prazos e ativos. Apesar de tolerar um pouco mais de instabilidade em troca de maior rentabilidade, admite perdas até certo limite.

Estratégias de investimento: uma estratégia adequada aos investidores de perfil moderado é diversificar sua carteira entre renda fixa (cerca de 60% a 70%) e renda variável (cerca de 30% a 40%). Na renda fixa, priorizar investimentos de baixo risco e baixa volatilidade, como Tesouro Direto, CDB, LCI/LCA e fundos de renda fixa, além de ativos que protejam o dinheiro dos efeitos da inflação, como o Tesouro Direto IPCA+. Já na renda variável, investir em fundos imobiliários, fundos de índice (*Exchange Traded Funds* – ETFs) e ações de empresas consolidadas e com alto índice de negociabilidade (IN) na bolsa de valores. Aplicar em ativos de proteção, também conhecidos como *hedges*, é uma alternativa para mitigar os riscos de mercado, principalmente nas ações. Esses ativos possuem um comportamento inversamente proporcional ao das ações, ou seja, quando as ações se valorizam, eles tendem a se desvalorizar e vice-versa. No caso de ativos de proteção, podemos considerar fundos de investimento cambiais (atrelados ao dólar, atuando como proteção para crises locais). Apesar de isoladamente esse ativo ser classificado como ativo destinado a perfis arrojados, a sua combinação com as ações permite uma maior segurança em relação à volatilidade do mercado de ações.

Perfil arrojado

Características: esse perfil de investidor compreende que as perdas a curto prazo são momentâneas e que elas possibilitam aproveitar oportunidades e almejar lucros maiores no longo prazo. Por entender melhor a dinâmica do mercado, o investidor arrojado possui maior tolerância aos riscos e se sente confortável em investir a maior parte do patrimônio em ativos mais voláteis, visando a uma maior rentabilidade no futuro. Assume posições mais concentradas, com estratégias que visam alcançar mais retorno. Geralmente, possui um preparo técnico e emocional maior para acompanhar as oscilações do mercado e não tomar atitudes precipitadas que possam afetar o resultado esperado.

Estratégias de investimento: mesmo para o perfil arrojado, é importante ter parte de seu patrimônio investido em ativos que protejam o dinheiro dos efeitos da inflação. Uma estratégia é diversificar a carteira entre renda fixa, com cerca de 20% a 30% do patrimônio em ativos atrelados à inflação – como Tesouro Direto IPCA+ – e que possibilitam ganhos superiores com a marcação a mercado, e os outros 70% a 80% em ativos de renda variável, como ações de empresas de crescimento e que podem oferecer retornos significativos (embora tragam maior volatilidade), fundos de ações, derivativos, investimentos no exterior visando a mercados emergentes e criptoativos.

Independentemente do perfil de investidor(a), concentrar os investimentos em uma mesma categoria de ativos é um risco que não deve ser tomado. A diversificação é um princípio fundamental nos investimentos e desempenha um papel de extrema importância na gestão de riscos e na busca de retornos consistentes. Por esse motivo, toda estratégia de investimentos apresentada neste capítulo considera mais de uma classe de ativos, além de ativos diferentes dentro da mesma classe. A alocação dos ativos em uma carteira de investimentos pode variar de acordo com os perfis dos(as) investidores(as) e suas metas individuais, porém não há uma proporção única e universalmente aceita que seja considerada ideal para cada um dos perfis. Diversificar a carteira de investimentos é mais uma estratégia na construção de um portfólio equilibrado e bem-sucedido e deve se aplicar a todos os perfis de investidores.

Por mais que o *suitability* apresente aspectos que permitam definir o perfil do(a) investidor(a), esse perfil é moldado no dia a dia com a experiência e vivência no mercado financeiro. É importante destacar que o perfil do(a) investidor(a) não é algo imutável, ele pode se alterar conforme as prioridades e o momento de vida de cada indivíduo. Com o passar do tempo, a situação financeira e os objetivos mudam, por isso é recomendável revisitar com certa periodicidade o perfil de investidor(a) para garantir que as estratégias de investimentos definidas estejam alinhadas às necessidades atuais.

O(A) investidor(a) de sucesso é aquele(a) que conhece suas emoções, seus medos e anseios. Ele(a) investe seu patrimônio de acordo com os riscos adequados ao seu perfil e escolhe ativos que estejam em conformidade com seus objetivos e horizonte de investimento.

Compreender o perfil de investidor(a) é mais do que uma mera formalidade, é a chave para o sucesso financeiro. Cada um possui objetivos próprios, níveis de tolerância ao risco e horizontes de investimentos diferentes. Ignorar essas características únicas é como navegar em águas desconhecias sem ter uma direção. Ao definir seu perfil de investidor(a), você pavimentará o caminho para estratégias que se alinham perfeitamente com seus valores e suas metas, além de ter mais chances de construir uma jornada financeira sólida e repleta de realizações.

A verdadeira essência dos investimentos está em encontrar a harmonia entre o autoconhecimento e a coragem de agir de acordo com suas convicções. Nesse sentido, o perfil do(a) investidor(a) é a bússola que guia o caminho para o sucesso financeiro e a realização de sonhos!

(Referências ao final do livro.)

Assim como o artesão molda uma obra-prima com precisão, o(a) investidor(a) habilidoso(a) esculpe sua carteira com estratégias personalizadas.

Bruno Vieira e Sayonara Borjaile

CAMILA KAMILA TAVARES

Sou Camila Kamila, registrada exatamente dessa forma. Sempre fui curiosa e preocupada com questões financeiras, desde muito nova procurava maneiras de economizar e poupar meu próprio dinheiro, com planilhas financeiras que eu mesma criava na época.

Ao concluir a faculdade de Direito, pela Universidade Federal do Mato Grosso (UFMT), após passar por uma grande perda, busquei maneiras de encontrar um propósito maior e contribuir para a vida das pessoas de forma significativa. Nessa busca, encontrei-me no planejamento financeiro, o que acredito ser um instrumento fundamental na transformação de vidas.

Como mentora, oriento as pessoas a se organizarem financeiramente para investir no que realmente importa para elas.

camilakamilaoficial

+55 (65) 99913-4808

camilakamilafinancas@gmail.com

DNA FINANCEIRO

7 O PODER DA AVALIAÇÃO E DA REVISÃO DO PORTFÓLIO FINANCEIRO PESSOAL

Por Camila Kamila Tavares

Nossa história é tecida todos os dias, seja ativa, seja passivamente, sobretudo em relação à área financeira, a qual entrelaça todas as demais áreas.

Posso dizer que minha trajetória em direção à educação financeira começou bem cedo. Desde pequena, aprendi com meus pais sobre princípios e lições sobre o valor do dinheiro, ensinamentos que transcenderam a infância e se transformaram em uma missão de vida, por meio do planejamento financeiro, uma ferramenta poderosa para transformar outras vidas, considerando que tenho percebido a falta dessa base em muitas pessoas.

Hoje, convido-o(a) a avaliar não apenas o que você tem agora, mas também aonde deseja chegar, a fim de trazer mais luz ao seu caminho e o(a) inspirar a agir, para o bem de sua própria vida.

O despertar para o plano do seu sucesso financeiro

Imagine-se agora em um momento de reflexão, olhando ao redor e ponderando sobre o que conquistou até hoje e aonde deseja chegar. Você já parou para considerar se está no caminho certo para alcançar seus objetivos financeiros e de vida como um todo?

Em uma sociedade inundada por impulsos de consumo e por distrações, muitas vezes nos esquecemos de parar um tempinho e olhar para dentro, de avaliar nossas escolhas e definir claramente nossos objetivos financeiros. Fazer isso é crucial para desenhar a vida que desejamos. Faz parte da história das pessoas que alcançam o sucesso ter um bom planejamento, inclusive por escrito.

Agora, se manter as contas do mês em dia, sem atrasos, já é uma tarefa em que precisamos "rebolar" para dar conta, imagine obter um equilíbrio durante todo o ano e ainda fazer crescer o patrimônio? Pode ser considerada uma missão mais árdua e desafiadora ainda, não é?

Para isso, você deve se concentrar em aplicar os princípios e conhecimentos financeiros que o(a) ajudarão a administrar seus recursos de forma eficaz.

Antes de tudo, é importante compreender que o conceito de portfólio financeiro pessoal se refere à composição de todos os ativos financeiros de um indivíduo, desde bens tangíveis, como propriedades e veículos, até investimentos de renda fixa e variável e outros direitos que possam gerar renda, como heranças e *royalties*, ou seja, em regra, é o resultado material de nossos esforços financeiros e nossas escolhas ao longo da vida.

Na prática, tal conceito se revela como sendo mais do que apenas um conjunto de números. É o reflexo de nossos objetivos já conquistados.

O que não é medido não pode ser acompanhado: organizando seu patrimônio

No universo do planejamento financeiro, ter clareza quanto ao que já possuímos e quanto ao que queremos alcançar é a chave para uma compreensão profunda de nossas finanças e, por conseguinte, para entender e ter direção de para onde queremos ir, não com "achismos" e ideias que estão só na nossa mente, mas sim de forma fundamentada, baseada em fatos e dados.

E como saber qual é o meu portfólio?

Tudo começa pelo balanço patrimonial, que nada mais é do que elencar tudo que você possui, inclusive as dívidas que porventura existirem. Para quem declara imposto de renda anualmente, essa tarefa já está feita, só é preciso manutenção. Para quem ainda não declara, é a hora de fazê-lo, mas, calma, isso não é nenhum enrosco do além, não precisa sofrer por antecipação.

"Ah, mas eu não tenho nada". Será mesmo? Algumas conquistas materiais podem ter sido transformadas em experiências, como, por exemplo, viagens, que não precisam ser declaradas ao "leão" (bom, pelo menos enquanto escrevo este capítulo).

Brincadeiras à parte, de qualquer modo, comece a olhar à sua volta e a pensar em tudo que você já conseguiu até hoje e, se realmente não houver nada ou pouquíssimo a declarar, aí está um ótimo motivo para começar desde já a fazer essa construção.

Nesse processo, não gaste nenhum pingo de energia sequer procurando por justificativas de por que isso ainda não havia sido feito ou por culpados. Inclusive, comece agradecendo por tudo que lhe fez chegar até aqui, isso trará nova energia para prosseguir. Pode parecer difícil no início, mas, com a prática constante, vai se tornando um processo natural e agradável, pode apostar.

Voltando às anotações, deve-se incluir nessa organização e classificação não apenas ativos financeiros, como ações, títulos e fundos de investimento, mas também patrimônio físico, como imóveis e bens móveis. Além disso, é crucial considerar outros direitos e fontes de renda, ainda que eventuais ou recebidos uma única vez, como um prêmio, herança, além de outros investimentos não tradicionais.

Essa abordagem não só facilita o processo de declaração, como também serve para identificar oportunidades de otimização fiscal, destacando possíveis deduções e benefícios tributários que muitas vezes passam despercebidos. Para isso, procure um contador capacitado.

Desse modo, ao acompanhar de perto nosso patrimônio, podemos identificar áreas de sobreposição ou falta de diversificação em nossos bens e investimentos, bem como oportunidades para realocar recursos de forma mais eficiente sobre o que adquirir, manter ou vender, garantindo que nosso patrimônio esteja alinhado com nossos objetivos financeiros de longo prazo.

Germinando sementes de riqueza: estratégias de diversificação para o futuro

Falar em diversificação de recursos e investimentos é superempolgante, mas, antes de se pensar em qualquer tipo de "*backup*" financeiro, é necessário ter primeiro o básico bem feito, que podemos definir como: ter o que diversificar.

E isso começa com a separação de uma quantia no seu orçamento mensal – que é a distribuição dos valores que você recebe (receitas) menos as contas que você tem a quitar (despesas) – e a destinação regular dessa quantidade para um fundo de reservas, conhecido mais popularmente como reserva de emergência ou reserva de segurança.

Após montada essa reserva, de pelo menos três vezes o valor do custo de vida da sua família, recomenda-se partir para outros tipos de investimentos.

Portanto, manter uma reserva financeira para situações emergenciais, evitar endividamento e manter uma margem de segurança nas despesas mensais são estratégias que fazem **toda** a diferença, proporcionando maior estabilidade e proteção financeira em face dos infortúnios e imprevistos da vida.

Essa margem de segurança é também expressa na prática de fugir de dívida que não valha a pena, garantindo que não estejamos à mercê de juros elevados em momentos de instabilidade financeira e nem em momentos que precisamos de uma grana a mais.

Nesse contexto, atingir uma margem de segurança pode ser comparável a dirigir um carro com um combustível reserva. Ter uma reserva financeira representa o tanque extra que nos permite percorrer distâncias adicionais, mesmo quando enfrentamos obstáculos inesperados.

Além disso, diversificar nossos recursos e investimentos funciona como cultivar uma lavoura financeira, plantando diferentes tipos de sementes que florescem e frutificam em estações distintas. Da mesma forma, diversificar receitas envolve ter mais de uma fonte de renda, criando uma colcha de retalhos financeira que pode suavizar os impactos de períodos econômicos mais incertos e desafiadores.

Em nosso país, por exemplo, temos uma certa cultura do terreno, de se apegar à terra e, como nosso país é gigante pela própria natureza, essa pode ser uma ótima opção a se considerar.

Por isso, ter mais de uma fonte de renda, ter uma parte do patrimônio em imóveis, outra em ativos de renda fixa, como títulos públicos e privados, e outra em renda variável, como ações, fundos imobiliários, *exchange traded funds* (ETFs) etc., é como manusear diferentes tipos de sementes no jardim, assegurando um crescimento variado e resistente.

Use com sabedoria os seus recursos e será bem-sucedido(a) em sua jornada.

Acontece que, no Brasil, além de não termos educação financeira formalizada, ainda somos ensinados a não ter muita ambição, pois isso é coisa de gente gananciosa que só quer explorar os outros. Nesse contexto, as pessoas que não buscam ter esses conhecimentos por conta própria acabam por, inconscientemente, não se preocupar em ir acumulando riquezas com uma visão de construção de patrimônio, mas sim vão "deixando a vida levar", sem muitos cuidados nessa parte financeira.

Mas, será que isso deve ser mesmo assim? Desde quando é pecado querer ter uma condição mais confortável para si e para as pessoas que você ama? E se algo de muito ruim acontecer, qual será a saída? Pegar empréstimo? Não pode ser assim, temos que mudar essa cultura.

Essa é uma semente que foi plantada aí em você e, a partir de agora, se forem seguidas as ideias apresentadas aqui, com certeza a semente germinará, dará frutos, que cairão em outros terrenos para que aconteça a mesma coisa e, aos poucos, iremos expandindo a mentalidade de um país, ainda mais um país tão abundante e cheio de oportunidades.

Planejando o futuro

Agora que exploramos os fundamentos de um portfólio financeiro inteligente, convido você a não apenas absorver o conhecimento, mas a agir de maneira proativa. Desafie-se a sair da inércia e traçar um curso claro para a construção ou elevação do seu patrimônio.

Como primeiro passo, reserve um momento para elencar cuidadosamente seu patrimônio atual. Considere cada ativo, desde suas propriedades e investimentos até suas fontes de receita. Em seguida, ouse sonhar grande e estabeleça metas tangíveis para o próximo ano, para daqui 5, 10 e 20 anos. Visualize seus sonhos e objetivos e comprometa-se a alcançá-los. Essas metas não apenas servirão como faróis em sua jornada, mas também o(a) motivarão a agir com determinação e sabedoria.

Pode não ser tão fácil quanto parece, mas imagine sua vida financeira como a construção de um castelo, com cada decisão, cada investimento, cada passo sendo um tijolo a mais nessa obra-prima.

Que sua jornada seja repleta de realizações que transcendem números, refletindo a verdadeira riqueza que Deus nos concede, que é viver com sabedoria, propósito e plenitude.

Quer manter um orçamento inteligente para a construção do seu portfólio? Entre em contato comigo pelas minhas redes.

(Referências ao final do livro.)

Cuidar das finanças é demonstrar respeito com a nossa vida e a da nossa família.

Camila Kamila Tavares

DAIANE RABELO

Sou Daiane Rabelo, natural de Açailândia/MA, onde resido com minha família: meu esposo Vicente Neto, com quem sou casada há 11 anos, e meus filhos Vicente Rabelo e Sofia Rabelo. Sou mentora, escritora, investidora, educadora financeira, tecnóloga em Processos Gerenciais, técnica em Segurança do Trabalho, graduada e pós-graduada em Engenharia de Produção e CEO da DR Finanças e Investimentos. Transformei vidas de várias pessoas por meio da Educação Financeira, de vários estados do Brasil.

Sou cristã e, pela glória de Deus, pude escrever este capítulo para você. Superei grandes desafios e provei que é possível acreditar em mim mesma, para que outras vidas possam ser transformadas por meio da minha vida.

daianerabelo24

Daiane Rabelo

daianerabelo.financas@gmail.com

DNA FINANCEIRO

8 O PLANEJAMENTO FINANCEIRO NO LONGO PRAZO

Por Daiane Rabelo

Vim de uma família humilde, pai, mãe e quatro irmãos, sendo eu a filha mais nova. Meu pai é pedreiro e minha mãe, dona de casa. Recordo-me que nunca nos faltou roupa e comida, mas os recursos sempre foram muito limitados. Comecei a trabalhar desde cedo, aos meus 15 anos ajudava meu irmão na oficina dele, trabalhei como digitadora em meio período, até que completei meus 18 anos e pude ser em regime CLT. Fui recepcionista em um laboratório, técnica de Segurança do Trabalho, supervisora operacional, supervisora de qualidade em empresas multinacionais, até que resolvi assumir minha identidade, de quem eu sou de verdade e de como poderia transformar a vida das pessoas, não somente em empresas privadas, mas no mundo inteiro.

Desde pequena sempre fui econômica, sabia administrar o meu dinheiro, dos centavos que ganhava para o lanche da escola até poder trabalhar e ganhar meu próprio salário. Percebi que eu já tinha a essência da educação financeira, mas não a técnica de fazer as coisas acontecerem, então em 2017 comecei a buscar conhecimento no assunto de finanças e investimentos, estudando e colocando em prática o aprendizado na minha vida e da minha família e a transformação foi acontecendo, em 2020 iniciei os investimentos na bolsa de valores brasileira e em 2021 na bolsa americana, meus dois filhos Vicente de oito anos e Sofia de seis anos são investidores na bolsa de valores brasileira e em fundos de renda fixa.

Logo após que saí do regime CLT em janeiro de 2023, fiz o curso de formação profissional para Educador Financeiro, pois já tinha decidido que era essa a forma de levar conhecimento e transformar a vida das pessoas, ensinando-as a saberem administrar suas finanças pessoais.

Mas, deparei-me com certo problema, o de me lançar no *marketing* digital, de mostrar para o mundo inteiro como poderia ajudar a resolver os problemas financeiros das pessoas, porém logo isso foi resolvido, fiz uma autoanálise e lembrei que eu já tinha descoberto minha identidade, de quem eu era, e nada do que os outros pensariam iria mudar meu desejo de levar a educação financeira para as pessoas em todo o mundo.

Busco aperfeiçoar-me, inventar-me e reinventar-me sempre que necessário para fazer as coisas acontecerem, quando algo dá errado traço um novo plano, mas nunca mudo o objetivo, que é levar o conhecimento e transformar a vida das pessoas por meio do conhecimento em finanças.

Quando iniciar um planejamento financeiro

O caminho para começar um planejamento financeiro no longo prazo é olhar para sua vida financeira atual e ver se ela condiz com a vida que você quer ter daqui dez anos ou mais, isso mostra que você se preocupa com o futuro e entende que a gestão financeira é o único caminho para atingir suas metas.

A maioria das pessoas tem em mente a vida que quer ter, mas não se dedica para ter a vida que merece, costumo falar que quando você se dispõe a fazer um planejamento financeiro pessoal, junto com essa disposição precisa vir a disciplina para os "nãos" que você necessitará dar em relação aos desejos que você possui, sendo eles os principais motivos de possivelmente não conseguir chegar aonde deseja no longo prazo.

Com um planejamento financeiro bem elaborado e os investimentos certos, você pode conquistar sua independência financeira ou realizar qualquer sonho que envolva dinheiro. Mas, para isso, é preciso ter disciplina e saber como fazer um planejamento financeiro. E é aqui que está o grande problema! A maioria das pessoas não sabe fazer um planejamento financeiro, muito menos por onde começar a investir e com isso não se dispõe a aprender, seja estudando sozinho ou com ajuda de um profissional da área de finanças.

Estamos em uma geração em que todos os assuntos são de livre acesso na *internet*, basta pesquisar o tema que deseja e todas as informações estarão disponíveis, quando você decide mudar em busca de conhecimento, essa busca precisa ser constante, o que não pode é você aceitar viver a vida na desorganização financeira, resultando em dívidas, orçamento zerado e nenhum investimento no longo prazo.

Método para fazer um planejamento financeiro pessoal

Saber como fazer um planejamento financeiro é essencial para alcançar seus objetivos, caso você não tenha conhecimento suficiente oriento que procure direcionamento de profissionais que possuam experiência para lhe auxiliar na elaboração e execução desse planejamento. Faz-se necessário acompanhar e manter as entradas e saídas a partir de suas receitas liquida para que um planejamento financeiro seja realmente eficaz.

Pensado nisso criei o método Finanças Pessoais e Investimento (FPI), como muitas pessoas não tem domínio de suas finanças, ou seja, sabem o quanto ganham mas não sabem o quanto gastam e, consequentemente, não têm investimentos e não sabem o porquê de o dinheiro não sobrar, fiz uma reflexão e montei um plano para ajudar tais pessoas por meio da minha experiência em planejar e controlar as finanças por um método.

Afim de que essa ideia saísse do papel, especializei-me no assunto para ser uma educadora financeira em busca de um direcionamento de como eu poderia ajudar pessoas e transformar vidas. E assim, a DR Finanças e Investimentos surgiu, e por meio do método FPI ensino pessoas de forma simples e objetiva a planejarem suas finanças pessoais e fazerem seus primeiros investimentos em renda fixa e variável.

Para dar início no planejamento financeiro pessoal você pode começar mapeando todas as suas **dívidas** (empréstimos, financiamentos), **orçamento** (*despesas essenciais* (água, luz, telefone, moradia), *estilo de vida* (carro, roupa, calçados), *investimentos* (renda fixa, renda variável)) e **metas de longo prazo** (imóveis, carro, viagens). O planejamento é elaborado em cima do valor líquido que você recebe, a porcentagem indicada para investimentos é no mínimo de 10 a 20 por cento do seu ganho líquido e não do que sobrar. Pensar no que está por vir é uma necessidade humana e não há melhor forma para isso do que aplicar os recursos em investimentos de longo prazo.

A maioria das pessoas até tenta fazer o próprio planejamento, mas muitas não têm êxito, devido à falta de visibilidade das métricas mensais. Existem pessoas que optam pelo controle de orçamento em cadernos e blocos de anotações, não que isso seja errado, mas esse formato de gerenciamento não dá visibilidade às métricas e porcentagens para tomadas de decisões objetivas, por não se ter clareza de onde vêm as receitas e onde estão as maiores despesas. A orientação que deixo para você é: se não sabe fazer, procure aprender e lembre-se: caso não consiga resolver um problema financeiro sozinho, procure ajuda de um profissional, esse tipo de problema pode trazer consequências irreversíveis.

Pilares para um planejamento financeiro

Saber como iniciar um planejamento financeiro é o ponto de partida para ter clareza dos maiores impeditores de ter o orçamento organizado, investimentos e a tão sonhada sobra mensal no orçamento. No método FPI, inicia-se o planejamento financeiro pelos pilares a seguir.

Planejamento de dívidas

Ter visibilidade de todas as suas pendências financeiras também faz parte da estruturação de um planejamento financeiro. Por isso, relacione quais são as suas dívidas, todas elas, e planeje-se para quitá-las o quanto antes. Para ficar um plano de pagamento das dívidas mais alcançável, relacione as dívidas do menor valor até chegar à maior dívida, assim será mais fácil ir pagando até quitar todas elas.

Outra forma utilizada é tentar renegociar tudo o que for possível, consulte melhores opções para quitar essa dívida, reduzir suas taxas e adiante o máximo de parcelas que você conseguir.

Orçamento financeiro pessoal

Um orçamento sob controle é a certeza de que seu planejamento financeiro vai ser um sucesso, pois conhecer e gerenciar seus gastos e ganhos é fundamental. O ideal é ter uma ferramenta de controle (planilha de gestão financeira), disponibilizo essa planilha no método FPI, assim os alunos conseguem aprender e executar tendo uma visão clara de todas as movimentações do seu dinheiro. É nesse pilar que entram todas as despesas essenciais, despesas variáveis, porcentagem para investimentos e sobra mensal.

Controle semanal e mensal

Além de acompanhar as receitas e despesas, semanalmente ou mensalmente você deve ser capaz de fazer projeções para os próximos meses e se manter dentro do orçamento programado, é isso que vai fazer com que seu planejamento financeiro seja executado de forma assertiva. Por isso, tire um dia na semana (de preferência aos domingos), reveja se a programação da semana foi assertiva e todo início de mês, logo que seu pagamento sair, sente e alimente a planilha antes de tomar qualquer decisão.

Metas financeiras de longo prazo

Nesse pilar você vai colocar todas as suas metas seguindo esta ordem: meta, motivo, valor, prazo e ação, a visão de longo prazo é o pilar que permite enxergar mais longe e traçar metas. No planejamento financeiro, isso significa ter objetivos claros para o futuro e se organizar no presente para alcançá-los.

Se sua dúvida for o que colocar nas metas de longo prazo, pode iniciar com: compra de imóveis, veículos, viagens, investimentos, plano de aposentadoria e outras metas financeiras que exigem disciplina para serem atingidas.

Seguindo esse passo a passo simples e objetivo, você será capaz de fazer seu planejamento financeiro pessoal, pensando sempre no longo prazo. Tal planejamento é realizável em períodos a partir de cinco anos, podendo superar uma década. Afinal, grandes resultados não são alcançados da noite para o dia, mas o tempo será sempre o seu melhor aliado para ter resultados consistentes, embora as dificuldades no processo sejam inúmeras.

Falo isso porque hoje eu e minha família conseguimos viver dessa forma, e se nós conseguimos chegar até aqui você também consegue. Quero caminhar junto com você e lhe ensinar com mais detalhes a encarar as dificuldades financeiras, de uma forma mais leve, então me siga nas redes sociais, o endereço está no início deste capítulo, podemos conversar, já pensou nisso? Aguardo você! Obrigada por ficar comigo até aqui, espero ter inspirado você de alguma forma.

Ter disciplina, paciência e consistência para executar o planejamento financeiro no longo prazo é ter a certeza de que já venceu financeiramente.

Daiane Rabelo

DOUGLAS MACIEL

Sou Douglas Maciel, natural de São Paulo/SP, onde resido atualmente com minha família: minha esposa Caroline Barbosa, com quem sou casado há 13 anos, e nossos três filhos, Isabelly, Emanuelly e Eduardo.

Sou mentor, escritor, *coach*, pastor e empresário. Há 11 anos como empresário, obtive grandes experiências empreendedoras, não apenas vitórias, mas também obstáculos superados e lições aprendidas ao longo do caminho que me levaram ao próximo nível.

Hoje, além de conduzir três empresas com minha sócia e esposa, nós ajudamos pessoas, famílias, casais e empresas que desejam alçar voos maiores em suas vidas, principalmente na área financeira e conjugal.

douglasmacielfr

casamentocad

+55 (11) 91870-8475

www.douglasmaciel.com.br

douglas.macielfr@gmail.com

DNA FINANCEIRO

9 A EDUCAÇÃO FINANCEIRA: FUNDAMENTOS E PRINCÍPIOS ESSENCIAIS

Por Douglas Maciel

Neste último ano temos recebido pessoas em nossa mentoria financeira que passam por severas dificuldades de recursos por não entenderem o básico em relação ao dinheiro. A Pesquisa de Orçamentos Familiares (POF) realizada pelo Instituto Brasileiro de Geografia e Estatística (IBGE), referente aos anos de 2017 e 2018, mostra que 72,4% das famílias brasileiras vivem com alguma dificuldade para pagar despesas mensais, como contas, alimentos e aluguéis, situação que infelizmente não mudou muito nos dias de hoje: mesmo com a facilidade de se adquirir conhecimento por meio da *internet*, pessoas acostumam-se e, por vezes, acham até normal viverem dessa forma (Barros, 2021, *on-line*). No entanto, pode ser muito comum esse tipo de situação, mas não é nada normal, precisamos querer ter uma vida abundante e próspera. E a educação financeira capacita-nos a conhecer melhor o funcionamento do dinheiro e do sistema financeiro, permite-nos diariamente tomar decisões informadas e conscientes sobre nossas finanças pessoais. Sempre oriento meus mentorados com fundamentos e princípios essenciais para uma boa educação financeira, que nos permitem alçar voos mais altos em nossas vidas, e gostaria de compartilhá-los com você neste capítulo.

Princípio do planejamento financeiro

Se eu lhe perguntar onde você quer estar financeiramente daqui 1, 5 e 10 anos, você saberá me responder?

A minoria das pessoas sabe responder com clareza essa pergunta, a maioria nem tem noção do que acontecerá no próximo mês, porque não faz planos, deixa simplesmente as coisas acontecerem e vive como se fosse coadjuvante da sua própria vida. Sem planejamento, sem sucesso financeiro.

"Os planos bem elaborados levam à fartura; mas o apressado sempre acaba na miséria." (Provérbios 21:5).

Entenda que educação financeira não é somente sobre números e planilhas, é muito mais, é sobre escolhas, comportamentos e hábitos que realmente transformam a vida das pessoas. Há pessoas que querem mudança em sua vida, porém não há mudança em suas atitudes, nesse sentido uma frase atribuída a Einstein já dizia: "Insanidade é fazer sempre as mesmas coisas e esperar resultados diferentes" (Insanidade..., [*s.d.*], *on-line*). Portanto, se você quer mudar de vida, será preciso fazer algo diferente, então que tal começar planejando sua área financeira?

> Pois qual de vós, querendo edificar uma torre, não se assenta primeiro a fazer as contas dos gastos, para ver se tem com que a acabar? Para que não aconteça que, depois de haver posto os alicerces, e não a podendo acabar, todos os que a virem comecem a escarnecer dele, Dizendo: Este homem começou a edificar e não pôde acabar. (Lucas 14:28-30).

Um planejamento financeiro é um roteiro que você cria para gerenciar suas finanças de maneira eficaz. Para ajudá-lo(a), elenquei sete passos básicos, siga-os para fazer o seu planejamento financeiro.

1. Estabeleça seus objetivos financeiros: determine o que você deseja alcançar financeiramente a curto, médio e longo prazo, como economizar para uma viagem, comprar uma casa, pagar dívidas, investir para a aposentadoria, entre outros.

2. Avalie sua situação financeira atual: faça um levantamento de sua renda, despesas, dívidas, patrimônio líquido e fluxo de caixa. Isso ajudará a entender sua situação atual e a identificar áreas que precisam de melhoria.

3. Crie um orçamento: baseado em sua avaliação financeira, estabeleça um orçamento detalhado que inclua suas despesas mensais, como moradia, alimentação, transporte, entretenimento etc. Certifique-se de reservar uma parte de sua renda para economias e investimentos.

4. Reduza despesas desnecessárias: identifique áreas em que você possa reduzir gastos, cortar despesas supérfluas e substituir ou renegociar contratos para obter melhores condições.

5.Elimine dívidas: se você tem dívidas, priorize o pagamento delas. Comece com aquelas que têm as taxas de juros mais altas e, gradualmente, elimine todas.

6. Economize e invista: reserve uma parte de sua renda para economias e investimentos. Construa um fundo de reserva estratégica para imprevistos e comece a investir para alcançar seus objetivos financeiros de longo prazo.

7. Revise e ajuste regularmente: seu planejamento financeiro não deve ser estático. Revise regularmente seu orçamento, seus objetivos e seu progresso financeiro, ajustando conforme necessário para garantir que você esteja no caminho certo para alcançar seus objetivos.

Um planejamento financeiro bem feito requer **disciplina, comprometimento e monitoramento constantes.**

Princípio da sabedoria financeira

Para Warren Buffett, "O investimento mais importante que você pode fazer é em você mesmo." (15 frases..., 2020, *on-line*).

Uma das coisas mais necessárias em nossa área financeira é estarmos em constante evolução, em constante aprendizado, vejo pessoas que tem dificuldade em alguma área da vida, mas não fazem um treinamento, não leem um livro, não assistem a um filme para ajudar com sua deficiência nesta ou naquela determinada área, são acomodadas, estão na zona de conforto, e na maioria das vezes não é por questões financeiras, pois existem diversos vídeos gratuitos que podem ajudar na resolução inicial do problema.

"O princípio da sabedoria é: adquira-a, e use tudo o que você possui para adquirir entendimento." (Provérbios 4:7).

O princípio da sabedoria financeira é fundamental para tomar decisões inteligentes e bem informadas sobre o dinheiro. Envolve o discernimento para avaliar riscos, entender oportunidades de investimento e cultivar hábitos financeiros saudáveis. A sabedoria financeira permite que as pessoas evitem armadilhas financeiras, planejem para o futuro e alcancem seus objetivos financeiros com confiança e segurança.

Eu amo o livro de provérbios da Bíblia. Independentemente da sua religião ou crença, a Bíblia é um *best-seller* e é o livro mais lido no mundo, assim recomendo que você leia o livro de provérbios, são 31 capítulos ao todo, leia um capítulo por dia e adquira a sabedoria contida nele.

"Com a sabedoria se edifica a casa, e com a inteligência ela se estabelece; e pelo conhecimento se encherão as câmaras de todo tipo de riquezas preciosas e deleitáveis." (Provérbios 24:3-4).

Esse versículo destaca a importância da sabedoria e do discernimento na construção de uma vida financeira sólida e próspera. Você provavelmente já ouviu falar de pessoas que ganharam fortunas na loteria e pouco tempo depois perderam tudo, isso quando não ficaram devendo mais do que quando ganharam o dinheiro. Isso geralmente acontece pela falta de preparação financeira e conhecimento sobre como gerenciar grandes somas de dinheiro. Muitas pessoas que ganham na loteria não têm experiência em lidar com quantias tão grandes e acabam gastando impulsivamente, investindo em projetos arriscados ou sendo alvo de aproveitadores. Isso ressalta a importância de se adquirir sabedoria financeira, independentemente da quantidade de dinheiro que se tem. É claro que, além disso, as crenças pessoais em relação ao dinheiro desempenham um papel importante. Algumas pessoas que ganham na loteria podem ter crenças limitantes sobre o dinheiro, como a ideia de que ele é finito ou que não merecem ter tanto. Isso pode levar a comportamentos de autossabotagem, como gastos excessivos ou investimentos impulsivos, que contribuem para a perda rápida da fortuna. Portanto, recomendo que você busque sabedoria não apenas sobre gestão financeira, mas também sobre as crenças subjacentes acerca do dinheiro.

"A sabedoria oferece proteção, tal como o dinheiro, mas a vantagem do conhecimento é esta: a sabedoria preserva a vida de quem a possui." (Eclesiastes 7:12).

Para aprimorar e refinar sua sabedoria, esteja em **novos ambientes** que lhe proporcionem crescimento pessoal e profissional, participe de treinamentos e palestras, conheça **novas pessoas**, seja intencional (e não só interesseiro), e ande com pessoas que já chegaram onde você quer estar ou que estão no caminho e, juntos, vocês chegarão mais longe, saia de perto de pessoas que estão acomodadas na vida, que são negativas ou pessimistas, afinal você já deve ter ouvido falar que somos a média das cinco pessoas com que mais convivemos, então procure conviver com pessoas que querem crescer e busque **novos conhecimentos**, o fato de você estar lendo este livro já lhe deixa um passo à frente da maioria das pessoas: sabia que, em média, o brasileiro costuma ler somente cerca de quatro livros por ano? E que, se você ler por 15 minutos ao dia, conseguirá ler em média 12 livros no ano? Não se acomode, leia livros, faça treinamentos, e o principal: **coloque os aprendizados em prática logo em seguida.**

Princípio da ação

Sem o princípio da ação, a teoria não importa. Vemos muitas pessoas estudiosas, porém sem resultados, talvez você seja essa pessoa, e eu não lhe julgo, já fui assim e hoje me policio para não deixar a teoria me dominar sem a aplicação prática. Temos que pensar que estamos em um bote com dois remos, um é o da prática e o outro é o da teoria, se remarmos só com a teoria o bote ficará dando voltas e não sairá do lugar, a mesma coisa acontece se remarmos só com a prática, a ideia é uma remada com a teoria e outra com a prática, porque tanto a teoria quanto a prática são necessárias para o sucesso efetivo.

Uma das coisas que mais trava a pessoa a praticar é o medo de algo dar errado, do que vão pensar, de algo não sair perfeito, mas uma coisa que tenho aprendido é que no movimento vamos aperfeiçoando, o importante é começar e ir com medo mesmo, se der errado você aprende com o erro e volta melhor, agora se você não fizer nada, já fracassou. Decida hoje agir, pois, sem ação, sem resultados.

Nas palavras de Anthony Robbins: "Saiba que são suas decisões, e não suas condições, que determinam seu destino." (Folha, [*s.d.*], *on-line*).

Agora é com você. Qual decisão vai tomar **hoje** que pode determinar o seu destino?

Posso lhe fazer um convite e lhe dar um presente?

Em nossa vida **precisamos ter mentores** que nos direcionem a chegar a outros níveis, e no meu Instagram tem bastante conteúdo que vai lhe ajudar, siga-me lá (este é meu convite). E o meu presente é uma sessão diagnóstica estratégica financeira comigo, você topa? E, se gostar e fizer sentido para você, compre um produto meu.

Espero você por lá, fique com Deus.

(Referências ao final do livro.)

Não adianta você saber o que tem de fazer se você não o faz. Sabedoria é colocar o conhecimento adquirido em prática.

Douglas Maciel

EDLÂYNE SANTOS

Como educadora financeira, minha missão é transformar a vida de todos que cruzam meu caminho e estão abertos à mudança. Acredito profundamente no poder do conhecimento financeiro para desbloquear potenciais e abrir portas para um futuro de liberdade e abundância. Por meio de métodos acessíveis e inovadores, dedico-me a simplificar conceitos complexos, tornando-os compreensíveis para todos, independentemente de sua experiência prévia com finanças. Cada pessoa que se permite aprender e crescer comigo não apenas melhora sua própria vida, mas também tem o potencial de influenciar positivamente as comunidades ao seu redor. É um efeito dominó de empoderamento financeiro, e estou comprometida a ser um catalisador dessa transformação.

chavefinanceira

10 ORGANIZE-SE RUMO À SUA LIBERDADE FINANCEIRA

Por Edlâyne Santos

Imagine-se no banco do motorista de um veículo poderoso chamado dinheiro. Curiosamente, para a maioria de nós, a vida nunca nos ofereceu uma aula sequer sobre como dirigir essa máquina complexa. Desde o momento em que entramos no mercado de trabalho, recebemos as chaves (nossa primeira renda) e espera-se que pilotemos habilmente, sem qualquer preparação prévia. Nessa jornada, sem surpresas, o veículo (nosso dinheiro) inevitavelmente sofre arranhões e amassados. E, em casos mais extremos, podemos até mesmo perder o controle, resultando em acidentes financeiros que afetam não apenas nossos ativos, mas também nossos relacionamentos e parcerias.

Diante desses desafios, muitos acreditam que a solução reside simplesmente em adquirir um novo carro, ou seja, mais dinheiro. Contudo, o que aconteceria se você tivesse outro carro sem ter aprendido a dirigir corretamente?

Existe um ditado que ilustra perfeitamente essa situação: quem não sabe administrar pequenas quantias, certamente não saberá gerenciar grandes fortunas. A falta de educação financeira e a incapacidade de gerenciar efetivamente o dinheiro são problemas que afetam a maioria das pessoas, independentemente de sua renda. Sem o conhecimento e as habilidades necessárias para navegar no complexo mundo financeiro, muitos se encontram presos em um ciclo de endividamento, vivendo de pagamento em pagamento, sem nunca alcançar a tão sonhada liberdade financeira.

As consequências de não assumir o controle das finanças pessoais podem ser devastadoras. Dívidas crescentes, estresse financeiro e a incapacidade de realizar objetivos de vida são apenas alguns dos resultados negativos.

Além disso, a falta de estabilidade financeira pode afetar relacionamentos pessoais e profissionais, causando tensão e conflitos. No longo prazo, a falta de planejamento financeiro adequado pode levar a uma aposentadoria precária, com recursos insuficientes para manter um padrão de vida confortável. É um cenário assustador, mas infelizmente comum para muitos que não priorizaram a educação financeira e o gerenciamento eficaz do dinheiro.

Para compreender integralmente os conceitos de independência e liberdade financeira, é essencial primeiro definir dois tipos fundamentais de renda: renda ativa e renda passiva, conforme apresentado no livro *Pai rico, pai pobre,* de Robert Kiyosaki (1997). A renda ativa é o dinheiro ganho em troca de um serviço prestado ou trabalho realizado, dependendo diretamente do tempo e esforço investidos. Já a renda passiva é o dinheiro ganho com investimentos, propriedades ou outros empreendimentos nos quais a pessoa não está ativamente envolvida no dia a dia.

A independência financeira é alcançada quando você acumula suficiente renda passiva para cobrir todas as suas despesas de vida, sem precisar trabalhar ativamente. A liberdade financeira, por sua vez, vai além, englobando não apenas a capacidade de sustentar-se financeiramente, como também a liberdade emocional e psicológica para tomar decisões na vida sem preocupações excessivas com as consequências financeiras.

Seis etapas fundamentais para estruturar sua saúde financeira

1) Compreensão das emoções financeiras: *Previsivelmente irracional* (2008), de Dan Ariely, revela como emoções afetam nossas escolhas financeiras de forma previsível. Daniel Kahneman, em *Rápido e devagar* (2011), explora como nossos pensamentos rápidos e lentos impactam decisões, inclusive financeiras. Entender esses conceitos ajuda a evitar erros emocionais em finanças, como a contabilidade mental, que pode ser minimizada registrando transações para melhorar a tomada de decisão.

2) Análise da realidade financeira: entender sua situação financeira atual é essencial. Isso inclui ter clareza de suas receitas, despesas, dívidas e investimentos. Ferramentas e métodos como orçamentos detalhados e o acompanhamento de gastos podem ser úteis.

3) Definição da visão financeira: a visão futura é a bússola que orienta sua jornada financeira, enfatizando a crucialidade de definir com clareza aonde deseja chegar em termos financeiros. O verdadeiro valor do controle de gastos manifesta-se apenas quando existe um planejamento prévio e detalhado para cada aspecto da sua vida financeira. Esse planejamento permite que você se engaje no "jogo do dinheiro" com maestria, estabelecendo uma estratégia lúdica, porém séria e eficaz, para gerir suas finanças. Com categorias de gasto bem definidas e alinhadas às suas metas financeiras, você não apenas controla para onde seu dinheiro vai, mas também assegura que cada real gasto está lhe impulsionando em direção aos seus objetivos. É como ter o volante do seu carro financeiro firmemente em mãos, sabendo exatamente qual direção tomar. Nesse contexto, a visão futura atua como o farol que ilumina o caminho, guiando suas decisões financeiras diárias e garantindo que elas estejam sincronizadas com suas aspirações de longo prazo. Seja construindo uma reserva de segurança, liquidando dívidas ou acumulando patrimônio para o futuro, cada ação financeira torna-se um passo calculado em direção à liberdade financeira. Portanto, a visão futura não é apenas sobre saber aonde você quer chegar; é sobre compreender que o controle efetivo dos gastos, ancorado em um planejamento estratégico e categorizado, é fundamental para transformar essa visão em realidade. Ao adotar essa abordagem, você não só dirige seu carro financeiro com confiança, como também acelera rumo à conquista da liberdade financeira, um destino que, com foco e disciplina, está ao alcance de suas mãos.

4) Estratégia financeira personalizada: com suas metas definidas, desenvolva um plano estratégico que inclua orçamento, investimentos e redução de dívidas. A chave é encontrar um equilíbrio que permita a você alcançar seus objetivos sem comprometer sua qualidade de vida atual.

5) Implementação disciplinada: a implementação do seu plano requer disciplina e consistência. Pequenas ações diárias podem levar a grandes resultados ao longo do tempo. Esteja preparado para fazer ajustes conforme necessário, mas mantenha o foco em seus objetivos de longo prazo.

6) Ajustes e revisão contínua: a vida muda e seu plano financeiro também deve mudar. Revise regularmente suas finanças e ajuste seu plano conforme necessário para refletir novas circunstâncias ou objetivos.

Planejamento financeiro de vida sustentável

- Objetivos financeiros: estabeleça objetivos financeiros claros para cada aspecto da sua vida, desde a criação de uma reserva de segurança, investimentos, planejamento para a aposentadoria, planejamento sucessório e planejamento tributário. Isso ajuda a direcionar suas ações e tomar decisões financeiras com propósito.
- Diversificação de rendas: buscar múltiplas fontes de renda, tanto ativas quanto passivas, aumenta sua segurança financeira e acelera seu caminho para a liberdade financeira. Explore diferentes oportunidades que se alinhem com suas habilidades e interesses.
- Jogo do dinheiro: gerenciar suas finanças é como jogar um jogo. Alocar fundos de maneira eficaz entre diferentes categorias de gastos permite que você viva bem dentro de seus meios. Isso pode envolver ajustar seu orçamento mensal para refletir mudanças em suas prioridades ou circunstâncias.
- Gerenciar dívidas: é essencial para a saúde financeira. Dívidas fora de controle podem afetar negativamente sua capacidade de investir e criar um ciclo de endividamento. Para evitar isso, siga estes passos:
    - classifique suas dívidas em garantia, altos e baixos juros e entenda os termos de cada uma;
    - evite armadilhas, como o uso descontrolado de cartões de crédito e cheque especial, empréstimos consignados etc., que limitam sua renda futura, e a troca de uma dívida por outra sem resolver a causa do endividamento;
    - consulte um especialista antes de tomar decisões sobre dívidas;
    - viva dentro dos seus meios, ajustando seus gastos à sua renda;
    - invista em educação financeira para tomar decisões mais informadas e evitar dívidas futuras

Você está pronto para assumir o controle das suas finanças e trilhar o caminho rumo à liberdade financeira?

Esse é o seu convite exclusivo para uma jornada transformadora que mudará a forma como você lida com o seu dinheiro. Imagine ter a oportunidade de traçar um plano de vida personalizado, com o acompanhamento de especialistas dedicados a ajudá-lo a alcançar cada um dos seus objetivos financeiros. É uma chance única de navegar no mundo financeiro com maestria e confiança.

Siga o perfil @chavefinanceira no Instagram, escreva "chave" no *direct* e agende uma sessão de diagnóstico financeiro comigo. Você descobrirá como transformar essa visão em realidade e dar o primeiro passo rumo à tão sonhada liberdade financeira. Seu futuro financeiro está em suas mãos.

Adotar práticas de educação financeira contínua e buscar aconselhamento de especialistas não só melhora sua situação atual, como também assegura um futuro mais estável. Focar no controlável, como criar uma reserva de segurança e investir em si mesmo, é crucial. Ao abraçar essas práticas, você promove não apenas a independência financeira, como também a liberdade de viver a vida em seus próprios termos.

Não deixe essa oportunidade passar. Embarque nessa jornada transformadora e assuma o controle do seu destino financeiro. Com dedicação, disciplina e o conhecimento certo, você pode superar os desafios, evitar os acidentes financeiros e dirigir com confiança rumo a um futuro de abundância e liberdade. O poder está em suas mãos. Comece agora e desbloqueie todo o seu potencial financeiro. Sua jornada para a liberdade financeira começa aqui.

(Referências ao final do livro.)

Libertar-se financeiramente é desatar as amarras do ter para plenamente viver o ser.

Edlâyne Santos

ELINE CASASOLA

Sou Eline Casasola, natural de Pinhalzinho/SC, e resido atualmente em São Paulo/SP. Sou formada em Administração, especialista em Gerenciamento de Projetos, Gestão de Pessoas e Inovação, CEO das empresas Atitude Inovação e Atitude Collab, que atuam como *hub* de fomento para inovação com captação de recursos, onde conquistamos com nossos clientes diversos prêmios de inovação. Atuo há mais de 12 anos no ecossistema de inovação como diretora de núcleos e coordenadora de núcleos de inovação setoriais, mentora e jurada de eventos de inovação, mentora de empreendedorismo, palestrante de criatividade e inovação e professora em diversos cursos.

elinecasasola

atitudeinovacao

atitudecollab

Eline Casasola

eline@atitudeinovacao.com.br

11 COMO CRESCER COM FOMENTO PARA INOVAÇÃO?

Por Eline Casasola

Sabe quando você trabalha em algo e pensa: "Eu nasci para isso!"? Eu sinto isso trabalhando com inovação e percebo o quanto as pessoas (e empresas) têm dificuldade de tirar as ideias da cabeça e colocar no papel e, ainda mais, tirar do papel e executar, fazer acontecer. Quando efetivamente o planejamento sai do papel e inicia-se a execução, existem muitas dificuldades que são inerentes ao processo de crescimento de uma empresa (ou inicialmente "eupresa", quando a empresa é de uma pessoa só), não somente no caso de *startups*, mas para todo tipo de empresa. Esses problemas são os mais variados, principalmente os relacionados à gestão e à inovação, esta última é uma palavra que vem sendo cada vez mais utilizada, muito se fala em inovação, mas, afinal, você sabe o que é inovação e como você pode se beneficiar dela? Existem muitas definições, o que geralmente ouço é que "Inovação é você inventar algo grandioso e disruptivo a exemplo do Uber, Airbnb, Apple...". Sim, isso é um tipo de inovação, mas não podemos nos limitar a isso, sempre tento pensar de uma maneira simples que "Inovação é transformar ideias em resultados". Somente uma ideia não gera resultado, é preciso ter atitude para tirar essa ideia do papel e fazê-la acontecer, além de muito planejamento e controle, os princípios básicos de um bom gerenciamento de projetos.

Mas aí entra um segundo ponto: com que dinheiro faço isso? Agora sim, vamos começar a aprofundar nossa conversa sobre captação de recursos para inovação, venha comigo!

Quando nasce uma ideia, quando uma empresa está crescendo e desenvolvendo novos produtos, quando você precisa melhorar algum processo, você precisa de: **dinheiro**, "almoço grátis não é comum", todos nós nos deparamos com a mesma reflexão "Como fazer isso acontecer?". Trago verdades e soluções. Existe um mundo de possibilidades onde, a partir de uma ideia inicial, você já pode **captar recursos para desenvolver um projeto de inovação**. Certo, mas vamos por partes, o que é a captação de recursos para inovação? É uma forma de conseguir dinheiro para transformar uma ideia inovadora em resultado ou, muitas vezes, não é o dinheiro em si, mas a possibilidade, por meio de parcerias (com universidades, centros de inovação, parques tecnológicos), de desenvolver seu projeto/ideia com o apoio desse ecossistema de inovação via programas ou editais que possibilitem viabilizar todo o processo com recursos financeiros (financiamentos ou editais de inovação). Outra definição refere-se ao acesso a recursos financeiros públicos e privados para inovação, com o objetivo de viabilizar projetos, programas e negócios inovadores.

Muitos empreendedores estão inovando e não sabem, ou têm dificuldade em entender o que é ou não inovação e, ainda, muitos desconhecem que existem programas, financiamentos e editais de inovação para ajudar a fazer esse processo acontecer.

Vamos contextualizar tudo isso por partes, para ficar mais claro. Existem muitos programas do governo federal e estadual e muitas "fontes de fomento" com recursos disponíveis por meio de editais de subvenção para inovação ou até mesmo financiamentos para inovação, com taxas de juros diferenciadas, maior prazo de carência (para começar a pagar o financiamento) e maior prazo de amortização (mais parcelas). Podemos entender como fontes de fomento instituições que estimulam o crescimento de empreendimentos, com financiamentos reembolsáveis, em que a empresa recebe o dinheiro mas precisa devolvê-lo depois. Outro exemplo são os não reembolsáveis, também chamados de subvenção econômica ou popularmente conhecidos por "fundo perdido".

Um edital de inovação geralmente é lançado por uma fonte de fomento com o objetivo de impulsionar o desenvolvimento de projetos de inovação, nele é possível inscrever-se (por meio de um projeto), desde que preenchendo os requisitos necessários à obtenção dos recursos financeiros ou recursos humanos para a execução de uma ideia ou projeto de inovação.

Vamos a alguns exemplos para tornar isso mais prático de entender: existem vários tipos de financiamentos para inovação e editais de inovação, para empresas de diversos portes e segmentos, ok? Se eu somente tenho uma ideia, consigo recursos para inovação? Possivelmente sim! Existem alguns programas e editais em que o objetivo é justamente ajudar/preparar empreendedores nessa jornada, podemos citar como exemplo o Programa Centelha, que visa estimular a criação de empreendimentos inovadores e disseminar a cultura empreendedora no Brasil (sugiro pesquisar mais a fundo para entender o programa). Basicamente, o programa articula os atores do ecossistema no Brasil, mas de forma local, com parceiros estaduais, oferecendo capacitações, recursos financeiros e todo um suporte para transformar essas ideias em negócios. Incrível, não?!

Agora, se você já passou dessa fase inicial, já planejou, executou e validou sua ideia, abriu sua empresa e agora precisa escalar isso, ou seja, crescer mantendo ou até melhorando seus resultados e sua eficiência, ainda que com demandas cada vez maiores, existem muitas outras possibilidades de captação de recursos para inovação. Em um capítulo fica difícil mencionar e mensurar todas essas possibilidades, então novamente vamos citar alguns exemplos, para deixar isso mais prático. Você já ouviu falar da Financiadora de Estudos e Projetos (FINEP), do Governos Federal? É uma agência pública que financia a inovação, desde a pesquisa básica até a preparação do produto para o mercado, e tem como missão promover o desenvolvimento econômico e social do Brasil por meio do fomento público à Ciência, Tecnologia e Inovação em empresas, universidades, institutos tecnológicos e outras instituições públicas ou privadas. Ela atua em toda a cadeia da inovação, desde projetos para ideias iniciais, como o Programa Centelha, comentado anteriormente, financiamentos para inovação com taxas de juros, prazo de carência e amortização diferenciados, editais não reembolsáveis para fomentar o desenvolvimento de projetos de inovação mais disruptivos e com maior risco tecnológico, além de diversos outros programas e prêmios de inovação. Imagine você (ou sua empresa) receber um recurso não reembolsável para desenvolver seu projeto de inovação?

Além desse, cito um último exemplo que faz muito sentido no âmbito da captação de recursos para inovação: a Empresa Brasileira de Pesquisa e Inovação Industrial (EMBRAPII), que é uma organização social qualificada pelo poder público federal, que apoia instituições de pesquisa tecnológica fomentando a inovação na indústria brasileira. A missão da Embrapii é apoiar essas instituições de pesquisa tecnológica (unidades Embrapii), em selecionadas áreas de competência, para que executem projetos de desenvolvimento de pesquisa tecnológica para inovação, em cooperação com empresas do setor industrial.

Por meio das unidades da Embrapii (são mais de 70 em todo o Brasil), as empresas trabalham em parcerias criando sinergia no desenvolvimento de projetos de inovação, ou seja, as empresas do setor industrial, com suas demandas de projetos de inovação, buscam as unidades Embrapii que possuem áreas de interesse similar, com o objetivo de desenvolver os projetos de forma conjunta, e parte dos recursos para esse desenvolvimento é subsidiado pelo programa Embrapii. Vale buscar mais informações sobre essa grande oportunidade.

Quais os resultados e benefícios para os empreendedores ou empresas que conseguem fazer esse processo acontecer?

- Crescimento acelerado: visto que, com recursos financeiros disponíveis, é possível acelerar o processo de desenvolvimento de projetos inovadores.
- Menor custo e maior competitividade: quando trabalhamos com inovação aberta (que é um modelo no qual são descentralizados os projetos de inovação para além da empresa, criando parcerias externas com pessoas ou organizações, como universidades, *startups*, Instituições de Ciência e Tecnologia (ICTs)) por meio dos programas de inovação ou mesmo dos editais, conseguimos diminuir os custos, sendo mais assertivos, pois o conhecimento é compartilhado e, logo, as soluções também, bem como a possibilidade de recursos subsidiados para fazer esse processo acontecer.

Agora pense comigo: como eu posso aplicar isso no meu dia a dia? Vejo isso como um modelo de diferenciação, 90% das pessoas e os próprios empreendedores com quem converso não têm conhecimento sobre captação de recursos para inovação, ou até sabem que isso existe, mas têm receio de não conseguir organizar toda a burocracia. E sim, tem burocracia, mas um bom gerenciamento de projetos faz tudo isso acontecer, além, é claro, da metodologia, e é isso que eu faço (além de todo nosso time) há tantos anos, e aqui entre nós: sou apaixonada por todo esse processo e, principalmente, pelos resultados que ele gera. O segredo é a informação, comunicação, um bom planejamento com foco em execução e prestação de contas e, claro, muita paciência, pois alguns processos são mais demorados, mas vale muito a pena! Uma grande oportunidade de crescimento por meio do mundo da inovação.

Inovação é transformar ideias em resultados. Não basta somente ter ideias, é preciso executar e fazer acontecer.

Eline Casasola

FLÁVIA ALVES

Sou Flávia Alves, mineira, mãe de Gabriel e de Sara, e resido em Jundiaí/SP. Sou membra da Associação Brasileira de Profissionais de Educação Financeira (ABEFIN), sócia-executiva da metodologia DSOP, educadora e terapeuta de comportamento financeiro, empresária, empreendedora do mercado de capitais, investidora em ativos na B3, colunista da revista Maitê Brusman e coautora do livro *Enriqueça a mente: o caminho para o seu crescimento*.

Apoio a construção de um mundo no qual as pessoas possam conquistar autonomia financeira por meio da educação do comportamento financeiro e de investimentos pautados em conhecimento, responsabilidade, sustentabilidade e inteligência espiritual.

flaviaalvesinvestimentos

+55 (11) 97053-192

Flávia Alves

contato@flaviaalvesinvestimentos.com.br

DNA FINANCEIRO

12

INVESTIMENTOS PARA INICIANTES: TENHA RENDA PASSIVA

Por Flávia Alves

Eu, Flávia Alves, confrontei-me com meus três maiores medos na vida: adoecimento, desemprego e aposentadoria.

Em 2019, recebi um diagnóstico e ultimato de minha médica ginecologista, dr.ª Mariana Paiva, de que, se eu não mudasse minha rotina de vida com máxima urgência, desenvolveria um câncer ou teria um infarto, pois o meu organismo já não estava respondendo ao tratamento intensivo que ela estava me aplicando.

Eu estava no mundo corporativo há 20 anos, um ambiente muito estressante. Sou engenheira industrial mecânica de formação, trabalhei na área técnica no início de carreira e, depois, fui para a área administrativa e coordenei equipes na área de compras e suprimentos de empresas multinacionais.

Saí atordoada do consultório de minha médica, em Santos/SP, e com uma das decisões mais difíceis da minha vida a ser tomada: pedir o meu desligamento do trabalho para cuidar de minha saúde.

Após um fim de semana angustiante, cheguei à empresa, comuniquei ao meu gerente a minha situação de saúde e solicitei meu desligamento por parte da empresa, concedendo-me como benefício minha rescisão contratual, pela dedicação e bons serviços que sempre dediquei à firma. Levou dias para que a diretoria da empresa autorizasse meu desligamento com meus direitos concedidos, o que para mim foi uma grande benção e mérito.

Durante esse período, entre o pleito de desligamento e a rescisão, meus anseios e minhas angústias travaram um embate, pois eu não me via em casa, cuidando somente da saúde, desempregada e sem garantia a respeito do meu futuro financeiro...

Um dia, saí da fábrica, em Cubatão/SP, e fui almoçar sozinha em uma padaria. No caminho, fui conversando com Deus, pedindo orientação a respeito do que eu faria da minha vida, apresentei a Ele todo o meu receio e angústia e pedi aos céus a direção.

E, por incrível que pareça, a resposta veio por meio do meu celular. Quando sentei à mesa para almoçar, acendeu na tela do meu aparelho o anúncio de um MBA em investimentos, promovido pelo IBMEC e a XP Investimentos. Esse anúncio mexeu comigo, então não hesitei: na mesma tarde, matriculei-me, pois era hora de reciclar e adquirir novos conhecimentos. O mercado financeiro sempre me atraiu.

Após ser desligada, peguei minha rescisão e meus recursos poupados ao longo dos anos e iniciei meus empreendimentos no mercado de capitais, na bolsa de valores (B3), gradativamente, com muita cautela e estudo, pois eu estava me tornando uma investidora iniciante e não queria cometer erros e perder dinheiro, na verdade minha intenção era aprender a fazer o dinheiro trabalhar para mim de forma passiva, por meio dos juros compostos.

A prudência sempre foi uma virtude minha, e ela deve permear a vida do investidor iniciante. É necessário, por exemplo, ter consciência de que dinheiro "não leva desaforo para casa", portanto toda cautela e estudo fazem-se necessários.

Eu iniciei minha carteira de investimentos com a seguinte estratégia e *mindset*: recursos aplicados em produtos de renda fixa, para ir migrando gradativamente para ativos geradores de renda passiva, como fundos imobiliários e ações pagadoras de dividendos, sempre que tivesse oportunidades no mercado.

Após um ano de investimentos na bolsa de valores, eu enfrentei o mercado financeiro, insano e depressivo frente à crise da covid-19.

Vivenciei *circuit breaks* consecutivos em uma semana...

Nesse tempo, tive a coragem e a determinação mental da Estátua da *Fearless Girl* perante o Touro de Wall Street, guardadas as devidas proporções, pois eu, nesse momento, investia somente na Bolsa brasileira (B3).

Eu vi meu patrimônio investido até então reduzir consideravelmente, pois os ativos não paravam de cair dia após dia naquela fatídica semana. Eu fechei o *home broker* e fui caminhar na praia, na época eu morava em Praia Grande/SP, caminhei por 6 km, conversando com meu mental, repassando toda a minha estratégia e meus ativos que tinha em carteira, os motivos pelos quais os adquiri, os riscos mitigados e o real motivo da crise que se instaurou, a qual era uma crise de saúde, não financeira.

Após reordenar os pensamentos e sentimentos, o próximo passo foi retornar para casa e redefinir a estratégia para os próximos dias e meses que viriam.

E a estratégia foi: esperar cair tudo que tivesse que cair e realocar recursos da renda fixa para comprar cotas de fundos imobiliários e ações pagadoras de dividendos na megapromoção de forma gradativa e constante. E assim segui por meses, até que, no fim de 2020, o mercado se deu conta de que a crise era realmente de saúde e não financeira, e o mercado financeiro voltou a reagir, a Bolsa voltou a subir, e nos meses de novembro e dezembro houve o famoso Rally de Natal. Nesse momento, eu vi minha carteira se recuperar rapidamente e, no ano seguinte, meu patrimônio cresceu significativamente com a retomada da Bolsa e do mercado financeiro.

E o mais importante: minha renda passiva proveniente dos meus ativos em momento algum deixou de entrar. Na verdade, ela cresceu consideravelmente, pois comprei ativos muito abaixo do preço, elevando minha rentabilidade da carteira e da renda. Essa estratégia e esse *mindset* levaram-me a aposentar-me aos 45 anos e ter a minha liberdade e independência financeira, provenientes dos meus investimentos. Sou muito grata a Deus e à minha intuição, que me conduziram a esse caminho de sucesso no mercado de capitais.

Para o investidor iniciante, é fundamental adotar uma abordagem prudente e educada. Assim, aqui está um guia básico sobre investimentos para iniciantes.

1. Estabeleça objetivos financeiros claros: antes de começar a investir, defina metas financeiras específicas, como aposentadoria, comprar casa, viajar etc.

2. Crie uma reserva financeira: antes de investir, é essencial ter uma reserva de emergência equivalente a um período de 6 a 12 meses de despesas para cobrir eventualidades.

3. Entenda seu perfil de investidor: determine seu perfil de risco e tolerância a ele para escolher os investimentos mais adequados.

4. Desenvolva uma educação financeira: invista tempo em aprender sobre os diferentes tipos de investimentos, como ações, títulos, fundos mútuos, imóveis etc.

5. Faça a diversificação da carteira: não coloque todos os ovos na mesma cesta. Diversificar o portfólio ajuda a reduzir o risco.

6. Comece com investimentos simples: considere começar com investimentos mais simples e de baixo risco, como fundos imobiliários ou ações de empresas sólidas.

7. Use plataformas de investimento acessíveis: utilize plataformas de investimento *on-line* de confiança para facilitar suas transações e manter o controle sobre seus investimentos.

8. Faça aportes de forma regular: busque investir regularmente, mesmo que sejam pequenos valores. A disciplina e consistência são fundamentais para o sucesso a longo prazo.

9. Seja paciente e tenha expectativas realistas: os investimentos são de longo prazo. Por isso, mantenha a calma em períodos de volatilidade e lembre-se de manter uma perspectiva de longo prazo.

10. Considere a ajuda de um profissional: se porventura se sentir inseguro, considere procurar a ajuda de um consultor ou mentor financeiro certificado para orientação personalizada.

Lembre-se de que o mundo dos investimentos envolve riscos. Por isso, é crucial fazer escolhas bem informadas e inteligentes. Esses 10 pontos podem ajudá-lo(a) a dar os primeiros passos com confiança.

Faça isso considerando os cinco fatores relevantes a seguir.

1. A importância de admitir que não temos como prever ou controlar o futuro.

2. As vantagens de estudar os padrões do passado e utilizá-los como guia básico do que pode vir a ocorrer.

3. A inevitabilidade da reversão dos ciclos e da punição dos excessos e da imprudência.

4. A possibilidade de colocar a ciclicidade a nosso favor, para isso precisamos nos comportar de modo anticíclico, ou seja, seguir contra o fluxo do mercado: se ele está em baixa, o momento é de não vender e, após análise, ir às compras. Se ele está em alta, o momento é de observar e não comprar. Se houver boas oportunidades, o momento é de realizar alguma venda, com o intuito de melhor gestão da carteira e análise de novos ativos favoráveis.

5. A necessidade de humildade, ceticismo e prudência para alcançar êxito financeiro a longo prazo em um mundo de incertezas.

Segundo Howard Marks, em *Ricos, sábios e felizes* (2021), de William Green, investir é a melhor maneira de fazer com que seu dinheiro se multiplique e trabalhe para você ao longo dos anos. Quando você escolhe boas aplicações e bons ativos financeiros, tem uma vantagem enorme, já que seu rendimento será maior e você vai precisar de menos tempo e/ou dinheiro para conseguir acumular mais recursos e realizar todos os seus sonhos, como uma aposentadoria tranquila, a compra de uma casa nova, um carro, e assim por diante.

Em conclusão, o livro *O investidor inteligente* (2016), de Benjamin Graham, oferece ensinamentos importantes, que são valiosos para os investidores iniciantes. A obra ressalta a importância de uma análise cuidadosa e fundamental antes de se investir, a necessidade de resiliência contra as pressões do mercado e a importância de pensar a longo prazo, no lugar de seguir modismos ou especulações.

Ao adotar os princípios de investimento delineados por Graham, os investidores podem buscar maior segurança, consistência e sucesso ao longo do tempo, construindo suas carteiras de forma sólida e consciente. É crucial lembrar que o investimento inteligente não se trata apenas de encontrar oportunidades de valor, como também de manter uma abordagem racional, disciplinada e paciente ao lidar com os altos e baixos do mercado financeiro. Em última análise, ser um investidor inteligente implica cultivar habilidades, conhecimentos e comportamentos que favoreçam a construção de riqueza de forma sustentável e prudente.

Além disso, tenha sempre em mente que "não há ninguém melhor do que você para cuidar do seu dinheiro, por isso aprenda a investir com autonomia e garanta o seu futuro". E eu lhe digo: se eu consegui, você também consegue!

Invista em você, invista em conhecimento e educação com sabedoria, cultive sua tranquilidade financeira e conquiste sua independência.

Para auxiliá-lo(a) em seu processo como investidor(a), eu lhe convido a entrar no QR *code* a seguir e acessar o *e-book Investir é para todos!*

Caso necessite de uma mentora para acompanhá-lo(a) nesta jornada de investimentos, entre em contato.

(Referências ao final do livro.)

Vamos crescer e evoluir juntos!

Flávia Alves

FRANCIELLE CISENSKI

Sou Francielle Cisenski, conhecida como Fran Finanças. Sou natural de Criciúma/SC e possuo mais de 10 anos de atuação no mercado financeiro.

Sou especialista em Educação Financeira, MBA em Gestão Comercial pela Fundação Getúlio Vargas (FGV), graduada em Ciências Contábeis e cursei até a 6ª fase de Administração.

Também sou empresária, palestrante, mentora, professora de pós-graduação, membra da Associação Brasileira de Educadores Financeiros e instrutora do Sescoop.

Espero que este capítulo possa inspirar você que precisa mudar o ciclo. É uma jornada desafiadora, mas, com estratégia e comprometimento, é possível transformar sua situação financeira e alcançar seus objetivos.

franfinancass
deltabpo
+55 (48) 99929-4354
Francielle Cisenski
franciellecisenski@gmail.com

DNA FINANCEIRO

13

ESTRATÉGIAS PARA REDUÇÃO E ELIMINAÇÃO DE DÍVIDAS

Por Francielle Cisenski

Este capítulo foi desenvolvido com base em estratégias comprovadas e práticas que podem ajudá-lo(a) a enfrentar suas dívidas de forma eficaz e começar a trilhar o caminho rumo à independência financeira.

Aqui, você encontrará dicas valiosas, exemplos do mundo real e orientações passo a passo para ajudá-lo(a) a navegar por esse processo desafiador.

Lembre-se de que não há uma solução única para todos os casos, cada situação financeira tem sua complexidade. Cada dívida é uma dívida, cada caso é um caso. Portanto, é importante adaptar as estratégias apresentadas às suas necessidades pessoais e estar disposto(a) a fazer ajustes ao longo do caminho.

Se você está lutando para lidar com dívidas acumuladas, sabe que essa situação pode ser extremamente estressante e limitadora. As dívidas podem afetar negativamente diversos aspectos de sua vida, desde sua saúde financeira até seus relacionamentos pessoais. No entanto, quero enfatizar que você não está sozinho(a) e que existe uma luz no fim do túnel. Estou aqui para apoiá-lo(a) nessa jornada.

Viver com dívidas elevadas pode gerar um enorme estresse emocional. A constante preocupação com pagamentos, taxas de juros e a pressão de credores pode afetar negativamente sua saúde mental e qualidade de vida. Ao reduzir suas dívidas, você estará aliviando esse fardo e desfrutando de maior tranquilidade financeira.

Ao reduzir suas dívidas de forma eficiente, você diminuirá o desembolso mensal ou anual ao longo do tempo e esses valores poderão ser redirecionados para investimentos ou outros objetivos financeiros.

Quando se trata de reduzir e eliminar dívidas, é essencial priorizar aquelas de maior risco, em vez de apenas aquelas com as taxas de juros mais altas. Dívidas de alto risco incluem aquelas garantidas por ativos importantes, como hipotecas ou empréstimos com garantia de carro/imóvel, que podem resultar na perda desses ativos se não forem pagas.

Além disso, dívidas que têm o potencial de resultar em ações legais, como dívidas de impostos atrasados, também são consideradas de alto risco. Ao focar em pagar essas dívidas primeiro, é possível minimizar o risco de consequências financeiras graves e proteger sua estabilidade financeira a longo prazo.

Entendido isso, existe uma prioridade de pagamentos que muitas vezes é confundida com a opção de pagar primeiro a dívida que possui maiores juros, porém isso não é correto. Não se paga primeiro a dívida de maiores juros, paga-se a dívida de maior risco e, geralmente, as dívidas de maiores juros são aquelas em que você não possui patrimônio comprometido.

Para o cheque especial e o cartão de crédito, por exemplo, os juros são maiores do que os juros do financiamento habitacional. Porém, quando a gente fala de risco, é muito mais arriscado você perder seu imóvel não pagando o financiamento do que não pagando o cartão.

As prioridades de pagamentos precisam seguir essa ordem: 1º) dívidas essenciais; 2º) dívidas de maior risco; e 3º) dívidas de baixo risco.

O primeiro passo para reduzir as dívidas é avaliar a sua situação financeira atual. Anote informações detalhadas sobre suas dívidas, incluindo o saldo total, as taxas de juros, as datas de vencimento, os valores das parcelas. E, é claro, classifique-as em essenciais, de alto risco e de baixo risco, para obter uma ordem de prioridade.

Além disso, examine suas despesas mensais e identifique áreas em que é possível reduzir gastos e economizar mais dinheiro. Essa análise fornecerá uma visão clara do panorama financeiro e servirá como base para o próximo passo.

Um orçamento é uma ferramenta essencial para controlar suas finanças e reduzir suas dívidas. Crie um orçamento realista que leve em consideração suas despesas essenciais, pagamentos de dívidas e economias. Certifique-se de que suas despesas não excedam sua renda.

Taxas de juros elevadas podem dificultar a redução das dívidas. Entre em contato com seus credores e negocie taxas de juros mais baixas. Explique a intenção de pagar suas dívidas e mostre que você é um cliente responsável.

Em muitos casos, os credores estão dispostos a reduzir as taxas de juros para ajudar na quitação do saldo devedor.

Quando uma dívida for liquidada, redirecione o valor que estava sendo pago para a próxima dívida, criando um efeito que acelera o processo de redução das dívidas.

Se você possui várias dívidas com taxas de juros altas, pode ser vantajoso consolidá-las em uma única, com uma taxa de juros mais baixa. Isso pode simplificar o processo de pagamento e reduzir os custos financeiros. Por exemplo, dívidas de cheque especial e cartão de crédito podem ser substituídas por um parcelamento com taxas de juros mensais bem menores. No entanto, tenha cuidado ao considerar essa opção e certifique-se de entender completamente os termos e condições antes de prosseguir.

Além de reduzir suas despesas, considere formas de aumentar suas fontes de renda. Isso pode envolver trabalhar horas extras, buscar um segundo emprego ou explorar oportunidades de renda adicional, como *freelancing* ou trabalhos temporários. Aumentar sua renda disponível permitirá que você destine mais recursos para o pagamento das dívidas, acelerando o processo de redução.

Durante esse processo, tenha clareza de seus objetivos, isso irá ajudar a manter sua motivação durante os momentos mais desafiadores. Uma estratégia poderosa para manter-se motivado(a) é visualizar o futuro que você deseja alcançar.

Feche os olhos e imagine como seria a sua vida se você estivesse livre de dívidas, tivesse uma renda estável e pudesse tomar decisões financeiras sem restrições. Essa visualização ajudará a manter o foco em seus objetivos e a superar quaisquer obstáculos que possam surgir ao longo do caminho.

Cultive uma mentalidade positiva, isso é fundamental para se manter motivado(a) ao longo da jornada para a independência financeira. No lugar de se concentrar nos desafios e nas dificuldades, foque as oportunidades e as soluções.

Desafios fazem parte do caminho, então os encare como oportunidades de aprendizado e crescimento. Lembre-se de que cada passo dado em direção à independência financeira é um passo na direção certa, independentemente do quão pequeno seja.

Para alcançar a independência financeira, é necessário fazer ajustes no seu estilo de vida. Isso pode significar reduzir gastos supérfluos e adotar hábitos de consumo consciente. Lembre-se de que esses ajustes temporários irão contribuir para um futuro financeiro mais próspero e proporcionarão mais liberdade e flexibilidade no longo prazo.

Encontre pessoas que estejam dispostas a apoiá-lo(a) em sua jornada. Isso pode incluir familiares, amigos, grupos de apoio financeiro ou mesmo um mentor financeiro. Compartilhar suas metas e desafios com outras pessoas pode fornecer encorajamento, conselhos valiosos e responsabilidade, mantendo-o(a) motivado(a) ao longo do caminho.

Reduzir suas dívidas e fazer pagamentos pontuais ajuda a melhorar seu score de crédito. Um bom histórico de pagamento e um baixo índice de endividamento demonstram responsabilidade financeira e tornam mais fácil obter crédito futuro com condições mais favoráveis, como taxas de juros mais baixas e limites de crédito mais altos.

Em muitos casos, empregadores levam em consideração o histórico de crédito ao tomar decisões de contratação. Ao reduzir suas dívidas e melhorar seu score de crédito, você aumenta suas chances de obter melhores oportunidades de emprego. Isso ocorre porque um histórico financeiro sólido demonstra responsabilidade e confiabilidade, qualidades valorizadas pelos empregadores.

Ao reduzir suas dívidas, você abre espaço para a construção de riqueza e estabilidade financeira. Os recursos anteriormente destinados aos pagamentos de dívidas podem ser direcionados para investimentos, como ações, imóveis ou fundos de aposentadoria. Essas escolhas inteligentes podem ajudar a aumentar seu patrimônio ao longo do tempo e garantir um futuro financeiro mais seguro.

Com menos obrigações financeiras, você terá mais flexibilidade para tomar decisões importantes, como mudar de carreira, iniciar seu próprio negócio, viajar ou investir em educação adicional. A independência financeira também permite que você construa uma reserva de emergência adequada, que atue como uma rede de segurança em caso de imprevistos.

Com mais controle sobre suas finanças, você pode planejar com mais eficiência seu futuro financeiro. A capacidade de planejar suas finanças com confiança e segurança é um dos principais benefícios de reduzir suas dívidas.

Reduzir suas dívidas é um passo crucial para alcançar estabilidade financeira, liberdade e paz de espírito. Os benefícios a longo prazo são significativos, desde aliviar o estresse financeiro até criar oportunidades de construção de riqueza. Ao embarcar nessa jornada de redução de dívidas, você está investindo em seu futuro e garantindo uma base sólida para uma vida financeira próspera.

Tenha como objetivo mudar sua vida de maneira significativa. Desfrute de uma maior tranquilidade, segurança e alcance a capacidade de realizar seus sonhos. No entanto, a jornada rumo à independência financeira pode parecer desafiadora em alguns momentos, e é por isso que é fundamental ter uma motivação sólida para impulsioná-lo(a) em direção a esse objetivo.

Ao definir objetivos claros, visualizar o futuro que deseja, acompanhar seu progresso e manter uma mentalidade positiva, você estará preparado(a) para enfrentar os desafios e superar os obstáculos que possam surgir.

Aprender a gastar menos do que ganha é o começo para ter uma vida financeira livre de dívidas.

Francielle Cisenski

GISLENE ROBLES

Olá! Sou Gislene Robles, nascida em Osasco/SP. Hoje desfruto de uma experiência enriquecedora ao viver em outro país com minha família. Sou casada com Edgar e tenho duas preciosidades, Ana Clara e Alice, minhas fontes de inspiração e paixão.

Com mais de duas décadas de *expertise* na área financeira, sou planejadora financeira, especializada em finanças pessoais. Tenho o orgulho de ter auxiliado inúmeras pessoas a se organizarem financeiramente e a construírem um patrimônio sólido em suas vidas. Estou aqui para compartilhar meu conhecimento e experiência, guiando você rumo a uma transformação em sua vida financeira, assim como transformei a minha e a dos meus clientes.

E se você quiser saber mais sobre finanças pessoais e ter acesso a mais conteúdos financeiros, siga-me no Instagram.

gislene_robles

DNA FINANCEIRO

14 CONSTRUINDO UM FUTURO FINANCEIRO PRÓSPERO

Por Gislene Robles

Grande parte das pessoas deseja ter uma vida confortável, segurança financeira, qualidade de vida e ainda poder oferecer uma vida tranquila para sua família, outras pessoas desejam muito mais além do conforto, desejam ser ricas e isso vai de acordo com o objetivo de vida de cada um.

Seja qual for o objetivo financeiro que você deseja alcançar, leva-se tempo, nada acontece do dia para a noite. Não existe passe de mágica, mas existe esforço, foco, determinação, disciplina e ousadia. Hoje, você pode olhar para um milionário e julgar que foi fácil chegar até ali, que ele não encarou dificuldades, mas a grande verdade é que aquela pessoa que você está vendo encarou grandes dificuldades, riscos e pode até ter passado necessidade. Podemos analisar a história de grandes milionários que começaram muito jovens, vindos de famílias humildes e hoje possuem um patrimônio bilionário. O diferencial dessas pessoas foram a determinação, a resiliência, o foco e a ousadia.

Já parou para pensar que você pode ser o próximo milionário? Para isso existe um caminho longo a se trilhar, mas que você pode começar a percorrer a partir de hoje!

A construção de patrimônio é o acúmulo de ativos que geram renda ao longo do tempo e, quanto mais ativos, maior será a sua renda, além disso, você pode criar estratégias de investimentos e pode fazer o seu dinheiro multiplicar por meio do reinvestimento.

A dificuldade de construir um patrimônio começa nas crenças que você traz, do que lhe ensinaram e naquilo que você acredita profundamente sobre dinheiro, independentemente do que lhe falaram. As suas escolhas, incluindo as financeiras, são reflexo das crenças que você carrega e, acompanhando todas essas crenças, vêm a desorganização financeira, a falta de controle financeiro, a falta de disciplina, o medo de encarar a realidade e até mesmo o medo de correr riscos.

As crenças limitantes são pensamentos que você formou sobre você e sobre tudo que está ao seu redor, são convicções que você veio criando ao longo da sua vida e das suas experiências vividas. Na maioria das vezes, essas crenças o(a) impedem de alcançar seus objetivos. Alguns exemplos de pensamento que podem estar atrapalhando o crescimento em sua vida: "Eu não vou conseguir", "Isso não é para mim" e "Acho que nunca serei rico, venho de família pobre". Qualquer pensamento que lhe tire ou reduza a sua capacidade de alcançar um objetivo é uma crença limitante que em algum momento da sua vida você desenvolveu sob influência de outras pessoas ou circunstâncias.

O fato é que a mente humana é fantástica e podemos reprogramar qualquer crença limitante. Sempre que um pensamento ruim vem à sua cabeça tentando limitá-lo(a), entenda o porquê, busque em qual momento você teve uma experiência que o(a) limitou e ainda tem limitado e por que essa crença o(a) está impedindo de realizar seus objetivos.

Então, busque um pensamento positivo inverso àquele e repita esse pensamento por diversas vezes em sua cabeça. Quando você traz a consciência e reconhece que pode mudar uma crença limitante, você entende que pode mudar a sua situação. Um exemplo: "Nunca vou conseguir ter uma grande empresa", então você deve pensar "Eu sou capaz e vou conseguir ter uma grande empresa". Nesse exemplo você reforçou para a sua mente que você é capaz e poderá administrar uma grande empresa, então você passa a acreditar que você é capaz.

Outro fator que também impacta a construção de patrimônio são as finanças pessoais, pois caso não consiga cuidar das suas finanças hoje, como vai fazer quando você tiver um grande patrimônio? Ter controle das suas finanças, saber o quanto pode gastar, realizar investimentos e planejar-se financeiramente para grandes realizações está totalmente relacionado à inteligência financeira.

Se hoje você é uma pessoa desorganizada financeiramente, não sabe quanto ganha e gasta tudo o que ganha ou gasta mais do que recebe, construir uma reserva financeira fica muito difícil nessa situação. Você precisa aprender a cuidar do seu dinheiro hoje, senão você pode fatalmente se ver endividado(a) e nunca vai conseguir construir um patrimônio para o seu futuro. Cuidar do seu dinheiro é de extrema importância para a sua vida e para a vida da sua família. A falta de dinheiro e a desorganização financeira afetam o relacionamento familiar e conjugal, causando estresse, desconforto e podendo levar ao divórcio.

Agora que você já sabe que cuidar das suas finanças pessoais é essencial e deseja começar a construir um patrimônio, você precisa avaliar a sua situação financeira, para isso vou lhe dar o passo a passo do que você precisa fazer antes de começar a acumular riquezas.

1. Aprenda a lidar com as suas finanças: busque por conhecimento, faça cursos, leia livros sobre finanças pessoais.
2. Tenha um orçamento mensal: crie um orçamento mensal, conheça as suas despesas e as suas receitas.
3. Endividamento: elimine dívidas, principalmente aquelas abusivas com altas taxas de juros.
4. Faça a sua reserva de emergência: comece a montar a sua reserva de emergência, precisa ser de no mínimo de três meses e no máximo de seis meses das suas despesas.
5. Estabeleça metas: coloque seus planos em um papel e estabeleça prazo para eles.
6. Faça um planejamento financeiro: faça um planejamento financeiro para alcançar seus objetivos.
7. Invista constantemente: pague-se primeiro, você precisa primeiro investir e depois pagar as despesas e nunca pagar as despesas e investir o que sobrar.

Se seguir esse passo a passo, você vai iniciar a construção do seu patrimônio mais rápido do que imagina. O futuro que você deseja começa com as escolhas que você faz hoje. Construir um patrimônio ou criar a sua própria riqueza pode levar tempo, por isso você precisa começar agora. Você vai precisar fazer escolhas, renunciar a coisas de que gosta para alcançar os seus objetivos, mas, acredite, vai valer a pena cada esforço que você está fazendo.

Para você começar a construir seu patrimônio, você precisa ter uma foto do seu balanço atual, um raio X dos bens, investimentos, dívidas e financiamentos. Então, você vai montar o seu balanço patrimonial de acordo com o modelo a seguir.

BALANÇO PATRIMONIAL			
ATIVO		PASSIVO	
Ativo com liquidez		Passivo de curto prazo	
CDB DI	5.500,00	Financiamento	15.264,00
		Empréstimos	22.800,00
		Financ. apto.	26.400,00
Total	5.500,00	Total	64.464,00
Investimento		Passivo de longo prazo	
Previdência privada	120.000,00	Financiamento	25.000,00
		Empréstimo	27.000,00
		Financ. apto.	320.000,00
Total	120.000,00	Total	372.000,00
Imobilizado		Patrimônio líquido	
Apartamento	550.000,00	Patrimônio líquido	379.036,00
Carro	65.000,00		
Ação em juízo	75.000,00		
Total	690.000,00	Total	379.036,00
Total		Total	
815.500,00		815.500,00	

No campo Ativo, você vai colocar tudo o que você possui, como bens, saldo em conta corrente, investimentos, previdência etc. Em Passivo, você vai colocar tudo o que é dívida, como financiamentos, empréstimos e demais contas que são consideradas dívidas.

Abaixo de Passivos de Curto Prazo e de Passivos de Longo Prazo, temos Patrimônio Líquido, que nada mais é que o ativo menos o passivo. O total em ambos os lados precisa ser igual, como no modelo da imagem anterior.

Agora, com suas finanças organizadas, seu orçamento feito e seu raio X do balanço patrimonial, podemos começar a falar sobre pilares de construção de riqueza.

Existem três formas de construir riqueza e todas elas precisam de determinação, foco e empenho para alcançar o seu objetivo. Como dito anteriormente, a construção de patrimônio pode levar tempo, não é simples, mas não é nada que ninguém não possa fazer, pelo contrário, qualquer pessoa pode construir seu patrimônio.

Vamos começar, a primeira coisa que você precisa é saber fazer dinheiro.

Gerar (fazer)

Quando eu digo fazer dinheiro, não estou me referindo ao termo exato da palavra, refiro-me a saber trabalhar e empreender. Você precisa gerar dinheiro, seja trabalhando em uma empresa ou empreendendo em seu próprio negócio. Quando você trabalha para uma empresa você pode ser limitado em seus ganhos, mas mesmo dessa forma você pode aprender a ganhar mais dinheiro e gerar riqueza para crescer financeiramente. Outra forma é você empreender, pois é você quem determina o seu faturamento, se atingiu a sua meta ou não, se o seu salário pode ser maior ou menor, então existe uma flexibilidade maior e consequentemente o crescimento pode ser mais acelerado. Mas, para empreender, os fatores de risco precisam ser considerados, por isso pode não ser um caminho tão fácil, é preciso ter muita resiliência para empreender.

Poupar

A segunda forma de você construir patrimônio é poupando. Quando você conhece as suas finanças e tem o domínio sobre o seu dinheiro, você entende quando deve poupar e quando pode gastar, tem poder de decisão sobre o seu dinheiro. Se você não souber guardar dinheiro, pode ter o melhor salário do mundo, mas nunca vai conseguir sair do mesmo ciclo, trabalhar para pagar contas. Então, você precisa ser uma pessoa com autocontrole que saiba adiar alguns prazeres momentâneos para ter um futuro financeiro próspero.

Investir

Agora é hora de falarmos sobre a multiplicação do seu dinheiro, mais conhecido como investimentos. Investir é extraordinário, porque você coloca o seu dinheiro para trabalhar para você. Dessa forma, o seu dinheiro não vai ficar parado e vai render alguns juros. Investir requer conhecimento e estratégia, pois o investimento pode ser excelente devido à sua rentabilidade, porém há riscos atrelados que se não forem medidos antes, podem até fazer você perder seu dinheiro. Se você nunca investiu antes, existem alguns *steps* que você precisa fazer antes de começar. O primeiro é conhecer seu perfil de investidor, pois é por meio dele que você vai saber o seu apetite ao risco. Um exemplo, se você é uma pessoa conservadora, o seu apetite a risco é baixo, você vai preferir ter investimentos que lhe deixem confortável, mesmo que tenha um retorno menor. Além disso, existe o tripé do investimento que é o tempo x juros x dinheiro, esse tripé precisa estar conectado com o objetivo dos seus investimentos.

No decorrer deste capítulo, nós entendemos o impacto negativo das crenças limitantes e que, sim, é possível mudar o que acreditamos para alcançar o que desejamos. Também entendemos a necessidade de saber lidar com as nossas finanças, ter uma visão ampliada de onde estamos e como podemos prosseguir, assim como os três pilares para você começar a construir um patrimônio. Ao seguir esses princípios e métodos agora conhecidos por você, será possível trilhar não somente o caminho da construção de um patrimônio sólido, como também o de um futuro sustentável, com qualidade de vida e mais tranquilidade.

O futuro que você deseja começa com as escolhas que faz hoje!

Gislene Robles

GRETHA ANICE

Sou Gretha Anice, natural de Teresina/PI, filha amada de Deus, casada com Samuel Amorim, filha caçula de Francisco das Chagas Ribeiro (in memoriam), soldado da Polícia Militar do Piauí, e Francisca do Monte Furtado Ribeiro, costureira, ambos de Piracuruca, interior piauiense. Sou contadora, educadora e mentora financeira para mulheres.

Quero aqui deixar meus agradecimentos em primeiro lugar a Deus por guiar meus caminhos e me conduzir. A meu esposo Samuel, que sempre está ao meu lado. À minha família, amigos e apoiadores, em especial Feliphe Araújo e Alan Brandão. À minha mentora Aline Portela que, como ela me ensinou, "Se chegou para você, você dá conta."

grethaanice.financas

grethaanice.financas

+55 (86) 98803-3319

grethaanice

grethaanice@gmail.com

DNA FINANCEIRO

15 PADRÕES, METAS E SUCESSOS FINANCEIROS PESSOAIS

Por Gretha Anice

Ao longo da nossa vida lidamos com dinheiro constantemente, desde a nossa infância, quando recebemos as chamadas "mesadas" dos pais, que, muitas vezes, por não terem tido "educação financeira", não nos instruíram a como lidar com o dinheiro, e assim vamos postergando a forma de como lidar com ele. Fora que as crenças limitantes e de prosperidade que adquirimos ao longo do tempo nos impedem também de crescer financeiramente.

Começamos a usar o dinheiro de forma desordenada e desregrada, mas saiba que você pode mudar isso, com as informações certas você pode mudar sua história com o dinheiro. Educação financeira vai muito além de números, é uma escolha, um hábito, um estilo de vida, com que precisamos lidar para poder prosperar nas demais áreas da nossa vida.

Nessa escolha devemos verificar os gastos que temos, registar com o que e como estamos gastando nosso dinheiro, planejar é uma parte essencial da nossa gestão financeira. Vale ressaltar que o planejamento financeiro é pessoal e pode variar de pessoa para pessoa. O importante é encontrar um plano que funcione para você e ajudá-lo(a) em seus objetivos financeiros.

Analisar gastos é uma prática que devemos ter para uma revisão minuciosa de nosso dinheiro. Para realizar uma análise de gastos, faz-se necessário seguir alguns passos básicos. Aqui estão alguns pontos comuns que você pode seguir.

1. **Coleta de dados:** reúna todas as informações relevantes sobre gastos que deseja analisar. Isso pode incluir extratos bancários, registros de despesas, recibos, faturas etc.

2. **Categorização de gastos:** classifique os gastos em categorias relevantes. Por exemplo, alimentação, moradia, transporte, lazer, saúde entre outras. Isso ajuda a identificar no que seu dinheiro está sendo direcionado.
3. **Avaliação da frequência e montante dos gastos:** analise a frequência com que ocorrem os gastos em cada categoria e o valor médio gasto em cada uma delas. Isso pode revelar padrões de comportamento de gastos.
4. **Comparação com receitas:** compare seus gastos totais com suas receitas totais para determinar a proporção de seus rendimentos que está sendo gasta. Isso pode ajudar a avaliar se você está vivendo dentro de suas possibilidades financeiras.
5. **Identificação de gastos desnecessários ou excessivos:** procure por áreas em que você esteja gastando mais do que deveria ou em coisas que não são essenciais. Isso pode incluir assinaturas de serviços que você não usa, compras por impulso, entre outros.
6. **Estabelecimento de metas de gastos:** com base na análise dos seus gastos atuais, defina metas realistas para reduzir ou controlar os gastos em certas áreas.
7. **Implementação de mudanças:** uma vez que você identificou áreas em que você pode reduzir seus gastos, implemente as mudanças necessárias em seu estilo de vida ou hábitos de consumo.
8. **Monitoramento contínuo:** continue acompanhando seus gastos regularmente para garantir que você esteja seguindo suas metas e fazendo os ajustes necessários conforme necessário.
9. **Utilização de ferramentas de gestão financeira:** considere uso de aplicativos ou softwares de gestão financeira que podem facilitar o acompanhamento e análise de seus gastos.
10. **Defina sonhos:** nos seres humanos somos movidos por sonhos e desejos. Você precisa definir seu sonho individual e, se você tiver família, o sonho da família, pois é importante o envolvimento de todos nesse processo para realização desse sonho. E não se esqueça: os sonhos devem ser realizados.

Esses passos irão ajudá-lo(a) a realizar uma análise abrangente de seus gastos e identificar maneiras de melhorar sua situação financeira. Lembre-se de que a chave para uma boa gestão financeira é o controle e a consciência dos seus hábitos de consumo.

Analisar os gastos financeiros fornece *insigths* valiosos para tomada de decisões relacionadas à vida financeira da família, mantêm as finanças sob controle e garante uma vida financeira saudável.

Temos nosso orçamento doméstico ou familiar, de que os gastos variáveis e invariáveis precisam fazer parte.

- **Gastos variáveis:** são despesas que podem flutuar de mês para mês, dependendo de diversos fatores, como necessidades específicas, preferências individuais ou sazonalidades. Esses gastos geralmente incluem: alimentação, transporte, lazer e entretenimento, roupas e acessórios, saúde, educação, despesas domésticas, comunicações (internet, telefone). É importante monitorar e ajustar esses gastos conforme as mudanças nas circunstâncias financeiras e nas necessidades da família para garantir que o orçamento permaneça equilibrado. Manter registros detalhados dos gastos é uma prática útil para identificar padrões de consumo e áreas onde é possível economizar.
- **Gastos invariáveis:** são aquelas despesas que permanecem relativamente constantes ou previsíveis ao longo do tempo, independentemente de variações na renda ou em outros fatores. Esses gastos são essenciais para a manutenção do lar e do estilo de vida básico da família. Alguns exemplos comuns de gastos invariáveis incluem: moradia, energia, água, gás, seguros (saúde, carro, casa etc.), transporte (pagamento de transporte público, financiamento de carro, seguro de carro, manutenção do carro), alimentação básica (supermercado, produtos de higiene e limpeza), educação, saúde (medicamentos), impostos (Imposto Predial Territorial Urbano (IPTU), Imposto sobre Veículos Automotores (IPVA), Imposto de Renda Pessoa Física (IRPF), dentre outros), dívidas (pagamentos regulares de empréstimos ou financiamentos).

Esses gastos são considerados invariáveis porque são necessários para manter a qualidade de vida mínima e geralmente não são facilmente ajustáveis a curto prazo. Eles são essenciais e devem ser priorizados no orçamento doméstico para garantir uma estabilidade financeira. Com essas informações e ponderações podemos tomar decisões para bom planejamento e curso financeiro.

Padrões financeiros

Padrão financeiro são informações, critérios, modelos ou métodos que são utilizados para interpretar e analisar dados financeiros coletados para tomar decisões e gerenciar riscos. Com esses dados sabemos em que padrão financeiro nos encaixamos e o que podemos fazer para mudar esse padrão em que nos encontramos. Em suma, os padrões financeiros impostos pela sociedade podem ser prejudiciais quando não levam em consideração as complexidades das diferentes situações financeiras e individuais das pessoas, promovendo desigualdades, consumismo excessivo e falta de educação financeira. Uma abordagem mais inclusiva e educativa para lidar com questões financeiras pode ajudar a mitigar esses problemas e promover uma sociedade mais justa e equitativa.

Nada melhor do que nos conhecer e saber o que podemos ou não fazer, autoconhecimento permite-nos dizer não ao que nos conduz. Por vezes precisamos reajustar nossa vida, e mudar é um verbo que se conjuga sempre.

Quanto mais alta for a classe social, mais prejudicial esse comportamento pode ser para o orçamento. O motivo se deve às dividas adquiridas que costumam ser de longo prazo, o que exige dessas pessoas um controle financeiro ainda maior para não ficarem no vermelho. Não se trata de não podermos nos dar ao "luxo" de ter algo que queremos, mas temos que analisar como fazemos sem nos prejudicar a curto e longo prazo. Analisar as despesas os gastos para conseguir visualizar o padrão de consumo de vida que a sua renda permite.

Para fornecer informações úteis sobre um perfil financeiro, é importante saber mais sobre suas circunstâncias específicas, como suas fontes de renda, despesas, metas financeiras e tolerância ao risco. A seguir estão alguns aspectos-chave que você pode considerar ao avaliar ou desenvolver seu perfil financeiro.

1. **Renda:** qual é a sua renda mensal ou anual? De onde ela vem (salário, investimentos, aluguéis etc.)? É estável ou variável?
2. **Despesas:** quanto você gasta regularmente em itens essenciais como moradia, alimentação, transporte, saúde, entre outros? Quanto você gasta em despesas discricionárias?
3. **Dívidas:** você tem dívidas? Se sim, qual é o valor total e quais são as taxas de juros associadas? Isso inclui empréstimos estudantis, hipotecas, cartões de crédito etc.
4. **Ativos e passivos:** quais são os seus ativos (como poupança, investimentos, imóveis) e passivos (como empréstimos, hipotecas, dividas). Qual é o valor líquido dos seus ativos?

5. **Metas financeiras:** quais são seus objetivos financeiros de curto prazo, médio prazo e longo prazo? Isso pode incluir economizar para aposentadoria, comprar uma casa, viajar, pagar dívidas etc.

6. **Tolerância ao risco:** qual é a sua disposição para assumir riscos em seus investimentos? Você prefere opções mais seguras com retornos mais baixos ou está disposto a assumir riscos maiores em busca de retornos mais altos?

7. **Planejamento tributário:** você considera as implicações fiscais de suas decisões financeiras? Isso pode incluir estratégicas para minimizar impostos sore renda, ganhos de capital, herança, etc.

8. **Seguro:** você tem seguro para proteger seus ativos e sua renda em caso de eventos inesperados, como doença, acidente, morte ou perda de emprego?

Todas as informações são necessárias para uma tomada de decisão referente ao planejamento familiar e individual, com a construção de um orçamento familiar sólido você estará mais bem posicionado para alcançar seus objetivos e os da família e criar segurança financeira a curto e longo prazo.

Ao analisar e entender esses aspectos do seu perfil financeiro, você poderá tomar decisões mais informadas sobre orçamento, investimentos, planejamentos tributários e proteção financeira. Considere buscar orientações de uma pessoa capacitada para ajudá-lo(a) a desenvolver e gerenciar o seu perfil financeiro de maneira eficaz.

Em geral, seu perfil financeiro reflete uma abordagem sensata e disciplinada para gerenciar suas finanças pessoais. Com algumas ajustes e medidas adicionais, você pode fortalecer ainda mais sua posição financeira e alcançar com sucesso seus objetivos de longo prazo. É importante continuar monitorando e ajustando sua estratégia financeira segundo o necessário para garantir estabilidade e prosperidade futuras.

O sucesso no mundo financeiro vai muito além de planilhas e anotações. É uma escolha de vida, uma mudança de mentalidade e de comportamento.

Gretha Anice

JOE RUAS

Joe Ruas é como sou conhecido por todos. Nasci em Belo Horizonte/MG, onde morei boa parte da minha vida, apesar de já ter vivido fora do Brasil e de hoje morar em Goiânia/GO com minha esposa.

Formado em Engenharia Elétrica pela Pontifícia Universidade Católica de Minas Gerais (PUC-MG), atuei no ramo em empresas como Vale, GE e na Universidade alemã de Stuttgart. Em 2017 resolvi empreender junto à minha família na WR Tecnologia, e em 2018, após muito estudo, abri minha consultoria financeira. Desde então, já ajudei centenas de clientes, palestrei em empresas, e fui a "cara" do Banco Inter por cerca de quatro anos em redes sociais, notícias, rádio, TV, e até em sua *Initial Public Offering* (IPO) na Nasdaq em 2022.

Hoje sou consultor financeiro e sigo ajudando as pessoas a melhorarem suas vidas por meio das finanças.

Siga-me em:

joeruas_financas

DNA FINANCEIRO

16 ESTRATÉGIAS DE INVESTIMENTO E DIVERSIFICAÇÃO

Por Joe Ruas

A faísca

Desde novo sempre fui muito ligado a números por influência do meu pai, que também é engenheiro eletricista e tem um raciocínio lógico muito aguçado, baseando-se sempre no racional para suas decisões. Por estímulos dele, brincávamos de fazer contas de cabeça na minha época de escola, e à medida que eu ia ficando mais velho, ele me presenteava com livros que tinham sempre a matemática como foco das histórias, e isso transformou minha vida, mesmo eu só percebendo muito anos depois.

Quando completei 18 anos, não ganhei um carro do meu pai, como aconteceu com alguns dos meus amigos, mas sim um livro que mudaria minha forma de enxergar a vida. *O Pai Rico, Pai Pobre*, de Robert Kiyosaki, trouxe-me a base da educação financeira, mostrando-me a diferença entre ativos e passivos, dívidas, a importância de ter uma reserva e especialmente o *mindset* correto para investir e prosperar na vida.

Ainda jovem, vi meus pais se separarem e a vida financeira da minha mãe recomeçar por completo, optando por mudar de cidade para concluir seus estudos no curso de Psicologia para então conseguir trabalho e reconquistar sua estabilidade financeira. Nesse período ao seu lado, aprendi a valorizar ainda mais o trabalho e o valor das coisas e usei minha facilidade com números para ajudá-la a administrar as contas da casa e fazer escolhas importantes, que me deixaram mais preparado para a etapa adulta mais cedo. Por isso, ter vivido momentos de fartura e também de economia ensinou-me a entender pontos de vista diferentes na jornada financeira da vida, que certamente ficaram na minha cabeça martelando para que eu buscasse investir e posteriormente ajudasse milhares de pessoas a investirem bem também.

A realidade dos brasileiros

No Brasil encontramos pessoas com as mais diversas situações e origens financeiras, mas apesar de isso influenciar seu rumo, não determina aonde elas podem chegar. Já vi pessoas de origens humildes prosperarem na vida, assim como alguns com grande patrimônio perderem tudo em dívidas e gastos desnecessários, e isso é definido em grande parte pelo nível de conhecimento sobre como lidar com o dinheiro. A educação financeira, ou a falta dela, é um fator determinante para a prosperidade. Com essa base bem entendida e aplicada às decisões da vida, a pessoa certamente terá maiores chances de conquistar seus sonhos e, nesse ponto, aprender a economizar para o futuro e investir bem o dinheiro que você gera irá acelerar seus objetivos, não só pelo efeito dos juros, como também pela mudança de comportamento e *mindset*. Mas qual o grande problema no Brasil então, que dificulta essa evolução financeira? A falta do tema no sistema de ensino, das discussões sobre dinheiro em casa, em família, e da cultura no país de viver no imediatismo, no famoso modo "deixa a vida me levar".

Com o acesso cada vez maior à *internet* e o aumento de educadores financeiros nos últimos anos, o tema "dinheiro" vem sendo debatido mais no dia a dia do brasileiro e aos poucos temos visto um interesse maior da população no assunto. Porém, ainda seguimos com um nível altíssimo de endividamento das famílias, que tiveram seus pensamentos moldados para conquistarem seus sonhos à base de empréstimos, olhando sempre para a parcela mensal do bem e não para o custo total com os juros embutidos em cada dívida.

Escolha agir agora e colher depois.

Depois de muito tempo nesse mercado, posso afirmar que no início o mais importante nos investimentos não são as altas taxas de retorno, mas a disciplina de sempre poupar e aportar para aumentar a base do patrimônio e criar o hábito de separar uma parte da receita mensal independentemente dos planos diários. Esse compromisso cria uma frequência de investimento que possibilita encontrar ativos em diferentes momentos de mercado. Assim, na média, você tende a fazer bons investimentos, uma vez que o mercado historicamente tende a melhorar.

Uma vez que seu orçamento financeiro está controlado e o hábito de investir com frequência está criado, você verá seu patrimônio crescer aos poucos somando a força dos aportes recorrentes com os juros dos rendimentos, e colher esse resultado é incrível, porém deve ser feito no momento certo para que você não mate a semente de todo o processo. Cuidar do seu futuro é a única forma de melhorar o seu presente, e os juros compostos precisam de tempo para agir sobre o montante, pois quanto maior for esse período, maior sua chance de ter um retorno significativo a ponto de em algum momento o lucro representar uma parte maior do seu patrimônio do que a quantia aplicada. Para simplificar esse conceito, gosto de exemplificar com algo que chamo de a "regra dos R$ 50 mil". Considere alguém que ganhe R$ 5 mil por mês e junte 10% da sua renda, ou seja, R$ 500,00. Se ela juntasse apenas esse valor mensalmente, ao final de um ano teria R$ 6 mil. Porém, aplicando esses valores com uma taxa média de 1% ao mês, ela teria obtido no fim desse período um rendimento de cerca de R$ 400,00 além do que aplicou, o que é quase um 13º aporte. À medida que essa pessoa continue repetindo o processo, ela chegará em R$ 50 mil em determinado momento, e a partir daí, mesmo desconsiderando novos aportes mensais, apenas com o montante já aplicado, pelos próximos 12 meses e com o mesmo retorno mensal ela atingirá um total de cerca de R$ 56.300,00, ou seja, R$ 6.300,00 no ano só com rendimentos, o que significa um valor superior à sua renda mensal. Isso se torna então praticamente um 13º salário apenas com rendimentos. Essa é a mágica dos juros quando você dá tempo a eles. Seguindo esse mesmo raciocínio para valores e taxas, depois de 10 anos a pessoa já terá acumulado mais patrimônio com juros do que com os próprios aportes.

A diversificação é a única proteção real.

Quando olhamos para o mercado financeiro vemos um mundo de ativos que podem ser oportunidades ou não. Porém, estudar cada opção para entendermos o que estamos fazendo com nosso dinheiro fará toda a diferença no seu resultado, para investir de acordo com seus objetivos e perfil. Muitas pessoas acham que investir é arriscado, mas o risco em tudo na vida vem exatamente do que não sabemos, e por isso podemos minimizar esse efeito buscando mais informações e conhecimento.

Dividindo os ativos em classes, vale explicarmos o conceito de alguns deles para então conseguirmos falar de montagem de uma estratégia de investimentos. Começando pelos investimentos considerados mais conservadores pelo mercado, temos a classe de renda fixa, onde conceitualmente emprestamos nosso dinheiro para alguma instituição financeira, empresa ou ao governo federal e em troca temos acordado a forma de rendimento desse valor dentro de um período definido, com data final de contrato e regime de imposto definidos. Além disso, na escolha do ativo fica determinado como a empresa devedora poderá utilizar os valores, e quais as garantias que o investidor terá sobre a aplicação. Alguns dos ativos mais comuns dessa categoria são os famosos Certificados de Depósito Bancário (CDBs) e Letras de Crédito Imobiliário (LCIs), além dos títulos do Tesouro Direto, debêntures, entre outros.

Indo além da renda fixa, temos também a renda variável, que é chamada dessa forma principalmente por conta de os ativos dessa classe não garantirem uma rentabilidade, podendo muitas vezes terem desvalorização da cota em diferentes períodos. Na renda variável, apesar de termos uma infinidade de tipos de ativos, dois dos mais tradicionais e que seguem crescendo em número de investidores são as ações e os fundos imobiliários, que são nada mais nada menos do que participações em negócios e que juntos oferecem mais de mil possibilidades aos investidores somente no Brasil, mas que no mundo somam milhares em diferentes bolsas de valores.

Uma vez que entendemos os principais tipos de ativos, podemos decidir se queremos escolher cada opção por nós mesmos ou delegar essa função para gestores profissionais e especialistas em cada uma dessas categoriais. Existem milhares de gestoras pelo mundo com uma diversidade de fundos e que certamente também podem compor sua carteira de investimentos por completo, seja via banco ou corretora.

Agora que já sabemos os conceitos das principais alternativas de investimentos, conseguimos pensar em como desenhar uma estratégia adequada. Certamente as primeiras definições que cada pessoa precisa ter de forma clara são os objetivos desse valor aplicado, pensando sempre no risco que ela está disposta a correr, na necessidade que ela pode vir a ter em resgatar esses valores rapidamente e no horizonte de tempo que ela pretende deixar o valor investido. Com esses fatores em mente podemos então escolher quais tipos de ativos são mais adequados e quanto do nosso patrimônio devemos alocar em cada um. Como referência, uma pessoa com perfil e objetivos mais conservadores pode ter cerca de 85% do patrimônio investido em renda fixa e os outros 15% diversificado em renda variável. Já alguém com mais apetite a risco e com mais horizonte de tempo pode chegar a ter mais ações em carteira do que renda fixa. Em todos os casos, temos sempre um ponto de consenso entre os especialistas: a diversificação de ativos é a melhor proteção para seu patrimônio, uma vez que não sabemos o dia de amanhã. Ativos que reagem de formas diferentes a movimentos de mercado podem suavizar a oscilação do seu patrimônio e oferecer melhores retornos com o tempo. Com uma estratégia diversificada nos últimos anos, acelerei o crescimento do meu patrimônio e percebi na prática o efeito dos juros compostos.

Com tudo isso dito, para mim é muito claro que o aprofundamento do assunto não é do gosto de todos, mas que certamente investir seu patrimônio para que ele gere renda pode lhe fazer alcançar todos os seus sonhos.

(Referências ao final do livro.)

Cuidar do seu futuro é a única forma de melhorar o seu presente.

Joe Ruas

Foto por: Carol Nogueira

JOSI OLIVEIRA

Sou Josi Oliveira, natural de São José dos Campos/SP, onde resido com a minha família.

Sou filha de Deus, mentora, escritora, empresária, palestrante, professora de Educação Financeira, já transformei a vida de mais de 500 pessoas por meio da Educação Financeira e sou pós-graduada em Administração de Empresas pela Fundação Getúlio Vargas (FGV).

Acredito que a Educação Financeira pode transformar vidas e que é possível ter uma vida financeira saudável por meio destes três pilares: comportamento, orçamento e investimento.

queroomoney

+ 55 (12) 988174478

Josi Oliveira

queromoneyconsult@gmail.com

DNA FINANCEIRO

17

AS INFLUÊNCIAS SOCIAIS E OS IMPACTOS NAS FINANÇAS PESSOAIS

Por Josi Oliveira

Antes de entrarmos no contexto gostaria de trazer o conceito de influência social.

Mas o que seria influência social? Vou dar um exemplo a partir de um trecho do livro *Animal social* (2023), de Elliot Aroson, em que o autor fala como uma pessoa pode influenciar o nosso comportamento:

> Steve, formado universitário, é um motorista cauteloso, até que conservador, poderia estrelar um vídeo de direção segura - quando está sozinho no carro. Entretanto, sempre que dois ou três colegas estão com ele, o comportamento de Steve torna-se mais arriscado, quando vê que o semáforo fica amarelo a meio quarteirão de distância, ele costuma pisa no acelerador, esperando passar pelo cruzamento antes que os carros de rua transversal comecem a se mover.

Faz sentido para você? Você já se viu em uma situação em que, de alguma maneira, teve uma atitude diferente por estar sendo "influenciado" por uma situação ou pessoa? É isso que vamos ver aqui, e como essas influências estão impactando a sua vida financeira.

Sofremos a influência social o tempo todo e não percebemos, por ela não fazer parte do nosso conhecimento ou por não termos o autoconhecimento necessário, acabamos não percebendo que estamos sendo influenciados, ainda mais pelas redes sociais, que são o maior veículo de influência de todos os tempos.

Uma pesquisa realizada pela Infomoney em dezembro de 2023 (Azevedo, 2023, *on-line*) mostra que 23% das pessoas têm mau comportamento financeiro influenciado pelas redes sociais, em 2022 a porcentagem era de 16%, esse aumento considerável vem da forma como as empresas e os influenciadores oferecem a venda de produtos e serviços, de forma influenciável, persuasiva e assertiva, somos bombardeados de informações e anúncios assim que abrimos o nosso celular.

Isso tem impactado em nossas finanças por meio das compras por impulso, imagine você rolando a tela do celular e *pow*, aparece um anúncio ou um influenciador de que você gosta ofertando algo, muitas vezes você nem pensa ou se planeja financeiramente, fazendo aquela compra por impulso, nesse sentido uma pesquisa realizada pelo Serviço de Proteção ao Crédito – SPC (CNM, 2015, *on-line*) aponta de 53% das compras na capital são por impulso, o que pode prejudicar o controle orçamentário e dificultar a formação de uma reserva financeira.

Além disso, vivemos em um geração totalmente imediatista, na qual não sabemos esperar e muitas vezes não queremos esperar o momento certo para comprar algo, por meio de um bom planejamento financeiro, e a facilidade de passar o cartão de crédito e adiar a dor do pagamento vem contribuindo para esse aumento e facilitando o endividamento dos brasileiros, veja-se que cerca de 60% das dívidas dos brasileiros são com cartão de crédito (Doca, 2023, *on-line*). Vivemos uma cultura do "só se vive uma vez" e, além dessa cultura, além das compras por impulso, existem outras formas de sermos influenciados em nossa vida financeira.

Outra forma pela qual sofremos a influência social é a maneira como nos comportamos perante a sociedade, a família, os amigos e nós mesmos. Provavelmente, em algum momento da sua vida você já ouviu palavras e expressões como "sentimento de pertencimento", "autoafirmação", "sentimento de perda", "efeito manada", "o não falar sobre dinheiro", mas como elas impactam a sua vida financeira? Vou falar sobre cada uma delas aqui.

Como mencionei, somos uma geração imediatista, mas também somos uma geração que gosta de pertencer a algo, seja um grupo, uma comunidade, porém muitas vezes pertencer a esses grupos pode custar a paz financeira, seja comprando celulares caros, carros caros, comprando roupas, viagens, vivendo um padrão de vida superior ao real, muitas vezes se endividando, somente para ser aceito(a) em um certo grupo e se sentir parte dele, provavelmente você conhece alguém ou já conheceu alguém que vive ou viveu isso na vida.

Um exemplo de pertencimento é o celular iPhone , ele não é só um celular, é uma comunidade, e quem compra um iPhone sente-se pertencendo a um grupo, um nível de pessoas diferenciado, mas a que preço? Vejo muitas pessoas comprando iPhone sem poder, gastando mais de 40% do seu salário para pagar a parcela de um celular, somente para se sentir pertencente a algo.

A falta de segurança em si e a falta de autoestima podem ajudar no endividamento e no descontrole financeiro, mas como? Por meio da autoafirmação, pessoas que não tem sua identidade formada, quem não se sente seguro(a) sobre si busca muitas vezes em bens materiais uma forma de se afirmar para si e para os familiares e amigos que estão bem e realizados, comprando carros, sempre viajando e comprando roupas, mesmo sem ter condições financeiras para isso, somente para se autoafirmar perante a sociedade, dizendo que venceu na vida, ainda que isso possa estar custando o seu sono e a sua paz.

Uma outra forma de sermos influenciados é pelo sentimento de perda. Quem nunca ouviu alguém falar "investi o meu dinheiro e perdi" ou "bolsa de valores é cassino"? Isso, de certa forma, acaba influenciando algumas pessoas, fazendo com que deixem de investir e garantir uma rentabilidade maior para o seu dinheiro. Mas, por que as pessoas ainda têm esse medo?

Em primeiro lugar, há o medo de perder o seu dinheiro, por isso muitos o deixam guardado na poupança, em que a rentabilidade é muito menor que os outros investimentos, mas essa aplicação traz a segurança de que a pessoa precisa. Outro fator, por sua vez, é a falta de conhecimento: quando falamos de investimento, no Brasil, trata-se de um assunto que ainda está se desenvolvendo e, por mais que nos últimos anos se tenha falado muito sobre investimentos, poucos brasileiros ainda têm esse conhecimento, isso faz com que não percam o medo.

A crença de que só investe quem é rico ajuda a propagar o não investimento, muitos ainda acham que se precisa de muito para investir, mas sabemos que a realidade é outra, estamos vivendo um tempo em que com R$ 10,00 você consegue investir, mesmo assim o medo acaba impactando a vida financeira dos brasileiros, muitos deixam de investir e garantir um futuro melhor para a sua vida por conta do receio de perder o dinheiro.

Outra forma é o efeito manada, quem nunca comprou algo porque todo mundo estava comprando? Com as redes sociais, os produtos e serviços são muito mais divulgados e ficamos mais suscetíveis de viver o efeito manada. E veja-se que podemos vivenciar o efeito manada nos dois sentidos da vida financeira, na organização financeira e nos investimentos.

Como disse, quem nunca comprou algo só porque todos estavam comprando e você não queria ter o sentimento de não pertencer àquele grupo ou de estar perdendo uma oportunidade? No entanto, normalmente essas compras nunca são planejadas, afinal, quem vai adivinhar que algo vai "explodir" e você vai querer adquirir aquele produto ou serviço? Isso causa uma desorganização financeira e o endividamento, e é muito comum de acontecer.

Nos investimentos também não é diferente, muitos acabam fazendo investimentos, comprando ações, criptomoedas, porque os jornais estão falando, e porque todos estão adquirindo aquele determinado investimento, mas sem saber o que está realmente comprando, sem ter o conhecimento adequado, somente porque todos estão comprando, assim muitos acabam cometendo um erro grave quando se fala em investimento. Como eu afirmei no começo do texto, muitas vezes sofremos uma influência social e nem percebemos, e o efeito manada é muito comum de acontecer e muitas vezes (ou na maioria delas) não percebemos isso.

Por último, o que eu considero mais importante, que é falar sobre dinheiro. Vivemos em uma sociedade que não fala sobre dinheiro: segundo um levantamento divulgado pelo Banco BV e pelo Instituto Mindminers com 2.200 pessoas em todo o Brasil, 61% dos entrevistados associam o tema dinheiro a sensações negativas e 54% o consideram um tabu. Os sentimentos de insatisfação e de insegurança em relação ao dinheiro representaram 26% e 24%, respectivamente. (Dinheiro..., 2023, *on-line*).

Falar sobre dinheiro é mais difícil do que falar sobre morte, política e religião, por mais que a educação financeira venha crescendo nos últimos anos, falar sobre dinheiro não é nada fácil para os brasileiros, e muitos ainda não entenderam a importância de se conversar sobre o assunto, não consideram a educação financeira um pilar central para construir famílias mais saudáveis e equilibradas.

Mas não é só a questão cultural que faz com que as pessoas evitem falar sobre dinheiro, existem sentimentos que podem surgir quando falamos sobre dinheiro (principalmente quando a vida financeira não vai nada bem), como julgamento alheio, tristeza, ansiedade, angústia e, muitas vezes, as pessoas podem se sentir invadidas: você se sentiria confortável em falar o quanto ganha ou, ainda, quais são os seus gastos financeiros?

Mudar essa perspectiva em relação a falar sobre dinheiro pode mudar uma realidade financeira, compartilhar experiências, conflitos ou até mesmo os problemas financeiros que você possa estar enfrentando com quem você confia, pode ajudar a construir uma relação saudável com o dinheiro, esclarecer dúvidas e trazer um futuro mais seguro e estável para sua vida financeira.

Mas como saber se estamos sendo influenciados? Por meio do autoconhecimento, sabendo primeiramente quem você é e o que você quer, assim ficará mais fácil saber identificar se você está sendo influenciado(a), seja por amigos, familiares ou pela sociedade, o autoconhecimento vai ajudar você a tomar decisões financeiras mais conscientes.

Buscar o autoconhecimento não é fácil, mas é necessário nos dias de hoje, por isso eu convido você a parar, refletir e tentar identificar quando foi a última vez que você sofreu algumas dessas influências mencionadas no texto. Após identificá-la, pense: qual foi o impacto financeiro que ela teve na sua vida? Foi positivo ou negativo?

Desejo-lhe boas reflexões e, se quiser compartilhar comigo a sua reflexão sobre as duas perguntas acima, ficarei feliz em saber e poder ajudá-lo(a) na sua jornada financeira.

(Referências ao final do livro.)

Somos uma geração que gosta de pertencer.

Josi Oliveira

LAÍS LIMA

Sou Laís Lima, vivendo os sonhos de Deus, filha muito amada de Ester e Reginaldo, irmã da Renata, Renan e Levi, os quais amo mais que açaí (muito amor envolvido), e parceira de Delison, com quem divido conquistas e desafios da minha vida.

Sou economista por formação, empreendedora por chamado, eterna aprendiz do mundo das finanças, mentora e consultora, apaixonada por finanças pessoais e empresariais, em constante aprendizado sobre esse mundo que tanto nos envolve: como se relacionar com o dinheiro!

Nortista de Belém do Pará, sonho alcançar a região Amazônica e tornar a educação financeira acessível, empoderando pessoas e negócios a terem uma relação saudável com seu dinheiro.

Venha comigo!

laislima.financas

+55 (91) 98604-9828

laislima.financas@gmail.com

DNA FINANCEIRO

18

DESVENDANDO SUA VIDA FINANCEIRA: UM GUIA PRÁTICO

Por Laís Lima

Vou começar este capítulo com uma pergunta a você, caro(a) leitor(a): o quanto você conhece seu dinheiro? Pode saber de onde ele vem, mas sabe para onde ele vai todos os meses?

Uma pesquisa realizada pelo Serviço de Proteção ao Crédito (SPC Brasil) e pela Confederação Nacional de Dirigentes Lojistas (CNDL) no ano de 2023 revela que oito a cada dez brasileiros não sabem como controlar as próprias despesas (Oito..., 2023, *on-line*). Essa estatística sinaliza que muitos brasileiros foram ensinados apenas a gastar sem controle e sem orientação na relação com seu dinheiro.

Saber o que fazer com o dinheiro pode melhorar a situação financeira do brasileiro, para além de seu endividamento, pois gera influência em seu bem-estar, suas relações e realizações. O conhecimento financeiro traz consigo empoderamento, clareza e firmeza nas tomadas de decisões.

Se você se enxerga hoje no meio dos brasileiros que não conseguem ter uma relação saudável com seu dinheiro, ou muito menos consegue entendê-lo, meu dever é ajudar você a sair dessas estatísticas e viver melhor com o seu dinheiro suado de cada dia.

É importante destacar que o dinheiro foi feito para nos proporcionar conforto, realização de sonhos e possibilidades de ajudar outras pessoas. O dinheiro é apenas um instrumento para atender a necessidades, desejos e sonhos. Por isso, você deve saber administrá-lo. Trarei aqui, então, passos para você aprender a mapear seus gastos e direcionar seu dinheiro para o melhor caminho.

Para iniciar essa jornada de aproximação básica com suas finanças, você precisa entender como funciona a sua **rotina** de gastos e introduzir nela uma ferramenta fundamental para organização e planejamento financeiro, que é o **orçamento mensal**.

Ah! E, por falar em rotina, as datas dos vencimentos de suas contas estão indo ao encontro das datas de seus recebimentos? Fazer esse "encontro" de vencimentos já é um início para conhecer se esse é um possível tropeço na sua organização financeira. Os vencimentos de cartões, conta de energia, aluguel, financiamentos e contas recorrentes precisam seguir o período em que você recebe seu salário, isso evita que ocorram atrasos e pagamentos de juros.

O principal objetivo do orçamento é assegurar o controle das finanças, permitindo a tranquilidade de pagar todas as contas sem gastar mais do que você ganha. Para elaborar e acompanhar o orçamento mensal, você deve seguir cinco passos importantes: **planejamento, registro, agrupamento, acompanhamento** e **avaliação**. Guiarei você no caminho para uma elaboração completa e eficiente desse orçamento, para que você possa concluir este capítulo e já pôr essa elaboração em prática.

Na primeira etapa do orçamento, você planejará avaliando suas receitas (entradas como o salário) e despesas (contas fixas e variáveis) para o período de um mês. É importante que essa etapa aconteça antes de se iniciar o período definido. Para quem é empreendedor e não possui um salário ou rendimento fixo, nessa etapa deve-se definir as metas de receitas para o empreendimento de acordo com as necessidades.

Em seguida, na etapa do registro, você irá definir a ferramenta que utilizará para fazer acontecer, podendo ser um caderno de anotações, uma planilha ou até mesmo um aplicativo de controle financeiro, desde que você se sinta à vontade e que seja algo prático dentro da sua rotina no dia a dia. Após planejar, você irá listar na ferramenta escolhida todas as entradas e saídas que irão ocorrer na rotina financeira do dia a dia. A seguir demonstro como você pode fazer essa lista para registro das informações.

Entradas	
Salário	R$ 3.500,00
Saídas	
Energia	R$ 400,00
Lazer	R$ 300,00
Alimentação	R$ 800,00
Transporte	R$ 200,00
Assinaturas	R$ 50,00
Roupas	R$ 100,00
Cartão de crédito	R$ 1.000,00

A próxima etapa é o agrupamento das informações registradas entre: despesas essenciais, que são aquelas que você não pode cortar de modo algum; despesas de estilo de vida ou não essenciais, que são as que fazem parte da sua rotina e bem-estar e você pode retirar em casos de grandes crises; e investimentos, em que estarão suas metas financeiras e sonhos a serem alcançados, conforme demonstração a seguir.

Entradas	
Salário	R$ 3.500,00
Saídas	
Essenciais	
Energia	R$ 400,00
Alimentação	R$ 800,00
Transporte	R$ 200,00
Saúde	R$ 300,00
Estilo de vida	
Lazer	R$ 300,00
Assinaturas	R$ 50,00
Roupas	R$ 100,00
Cartão de crédito	R$ 1.000,00
Investimentos	
Reserva financeira	R$ 50,00
Quitação de dívidas	R$ 100,00

Antes de seguir para a próxima etapa, é necessário destacar que o cartão de crédito não é uma despesa, mas sim uma forma de pagamento que você utilizou para pagar algumas despesas em um futuro próximo. Portanto, não utilize como extensão de sua renda para evitar descontrole e faturas muito altas, tanto que possam ultrapassar sua renda. O descontrole do uso do cartão de crédito é um dos principais motivos para o endividamento do brasileiro, então tenha muita atenção e acompanhe sempre suas compras nos cartões. Se houver descontrole, é melhor nem possuir cartão.

Uma dica de ouro para evitar o uso recorrente do cartão de crédito é: não o utilize para compras que acontecem necessariamente todos os meses (alimentação e transporte, por exemplo), senão se pode criar uma dependência da qual seja muito difícil de sair. Tenha um limite sempre abaixo da sua renda, inicie com 50% e vá aumentando conforme for adquirindo maturidade no uso e se tiver necessidade de aumento.

A etapa do acompanhamento é fundamental para que o planejamento financeiro seja prático e tenha resultados na prática, não só no mundo das ideias. É importante que você consiga enxergar esses resultados para manter o estímulo no acompanhamento das suas contas. É dessa forma que você sente que nasceu uma relação real com o seu dinheiro. Lembre-se: O que não é controlado não pode ser gerenciado. O sentimento de receber o salário no quinto dia útil e viver para pagar boletos e contas no restante do mês, sem saber para onde vai o seu dinheiro, vai passando à medida que você sabe para onde o dinheiro está indo e se torna capaz de direcioná-lo antes mesmo de as despesas acontecerem.

Após a organização das contas por agrupamento em categorias, estabeleça limites para as despesas que não têm valor fixo no mês, como alimentação, transporte, lazer, farmácia, roupas etc., sendo essenciais ou não, sempre dentro do que você pode pagar. Esse limite estabelecido é que vai ser acompanhado diariamente e/ou semanalmente, conforme os gastos forem acontecendo. Você pode organizar tais despesas conforme o quadro a seguir.

Despesa	Limite mensal	Semana 1	Semana 2	Semana 3	Semana 4	Saldo
Alimentação	R$ 800,00	R$ 500,00	R$ 100,00	R$ 100,00	R$ 100,00	R$ 0,00
Transporte	R$ 200,00					
Lazer	R$ 300,00					

É importante destacar que os valores utilizados como exemplo não são base a ser utilizada por você, servem apenas para exemplificar o método de acompanhamento e organização que você irá fazer de acordo com a sua realidade.

Leve sempre em consideração que a educação financeira não é receita de bolo pronta, em que o que vale para o seu colega servirá para você também. Existem vários fatores que influenciam na organização e definição de limites para cada família ou indivíduo. A forma como um pai ou uma mãe de família organiza suas finanças não será obrigatoriamente igual como a de um jovem solteiro que não possui filhos e casa própria para trazer sustento, por exemplo. Se você quiser fazer uma comparação positiva com alguém, que seja uma pessoa ou família a mais próxima possível da sua realidade.

Vamos então para a quinta e última etapa: a avaliação! Como já dito anteriormente, o planejamento por si só não traz resultados, ele precisa de acompanhamento e avaliação para isso. No final do mês, você vai tomar a ferramenta que escolheu lá na etapa de registro para fazer suas anotações e controles.

O exercício aqui, nesta etapa, é comparar o que foi planejado com o que foi executado no decorrer do mês por categoria. Nessa análise você fará as seguintes perguntas: em qual categoria gastei mais? Em qual categoria ultrapassei o limite estabelecido? Onde posso ter desperdiçado dinheiro? Onde posso ter definido limites além do necessário? Onde posso ter definido limites abaixo do necessário? Gastei além do que recebo? O que posso continuar fazendo? O que devo parar de fazer?

Além dessas perguntas, podem surgir outras também, você está em processo de conhecimento do seu dinheiro, no início do seu relacionamento saudável com ele. A partir daqui, sua visão sobre o dinheiro já vai clarear, você já sabe quanto recebeu e gastou no primeiro mês do acompanhamento. Sua visão já expandiu sobre o que pode ser melhorado, retirado, mudado e continuado para o orçamento do próximo mês.

Nesse momento, você já vai começar a sentir diferença no seu comportamento a partir da clareza que a organização financeira lhe traz. Por isso, você não pode parar por aí. Seus resultados dependem desse esforço. Se você quer resultados diferentes, deve agir de forma diferente. Nossos resultados financeiros são 80% de comportamento e 20% de matemática/números. A partir de agora é com você!

Conforme Aristóteles, "Nós somos aquilo que fazemos repetidamente. Excelência, então, não é um modo de agir, mas um hábito" (Rocha, 2011, *on-line*). Não será fácil fazer com que a organização financeira se torne um hábito em sua vida, para alguns pode ser mais rápido que para outros, mas o resultado é o mesmo: uma vida financeira saudável.

Além de seguir este guia, é importante que você insira novos hábitos em sua rotina: tenha objetivos e metas de vida; tenha foco no aprendizado constante, o conhecimento abre portas; seja autorresponsável, pois suas atitudes interferem diretamente nos seus resultados; estude sobre finanças pessoais; pense a longo prazo, pois você vive todos os dias e colherá no futuro o que plantar no presente; faça o planejamento mensalmente, seguindo este guia e sua realidade; e seja sempre grato(a) por tudo o que já passou, focando no que é importante para ter uma vida melhor.

A educação financeira transforma vidas. Domine seu dinheiro e leve com você essa frase: dinheiro sem direção vai para qualquer lugar no labirinto do desperdício. Planeje, controle e realize!

(Referências ao final do livro.)

Dinheiro sem direção vai para qualquer lugar no labirinto do desperdício. Planeje, controle e realize!

Laís Lima

LISA BEDATTY

Sou Lisa Bedatty, sul-mato-grossense, criada junto a mais dois irmãos por uma mãe solo. Vivenciei a realidade de uma mulher de origem humilde, sem instrução financeira, que teve de construir tudo sozinha e que, mesmo diante de muitos desafios, sempre me orientou a estudar e persistir em meus sonhos. Portanto, aqui estou eu, construindo junto ao meu parceiro e sócio Bernardo nossa trajetória de sucesso e um lar próspero e feliz! Sou planejadora financeira com mais de quatro anos de experiência, gestora responsável pela formação de mais de 100 profissionais no mercado financeiro, mentora e palestrante, com foco em finanças comportamentais para mulheres e casais. Acredito fielmente na lei da semeadura e busco plantar todos os dias para fortificar minha missão de transformar vidas por meio das finanças.

lisabedatty

+55 (16) 99782-1713

Lisa Bedatty

lisabedatty@gmail.com

DNA FINANCEIRO

19 FINANÇAS PARA CASAIS: CONSTRUINDO A FELICIDADE A DOIS

Por Lisa Bedatty

Felicidade a dois

O amor é uma construção com várias etapas e demanda constante manutenção em todos os aspectos da vida compartilhada. Cada elemento, desde o apoio emocional até a divisão das tarefas domésticas, desempenha um papel crucial na edificação de uma parceria forte e duradoura. Estabelecer as finanças em conjunto como um dos pilares do bem-estar do relacionamento significa respeitar o outro como parte integrante das decisões para estruturar uma vida compartilhada de forma saudável hoje e trabalhar na completude de um futuro sólido amanhã, por meio de comunicação, confiança e comprometimento.

Negligenciar a saúde financeira conjunta pode resultar em consequências desastrosas, e os atritos dentro desse tema estendem-se das mais diversas formas. Pesquisas mostram que boa parte dos divórcios realizados no Brasil são motivados por problemas financeiros. Isso evidencia que, frequentemente, não se trata apenas da falta de amor, compreensão mútua e comprometimento, mas sim da ausência de conhecimento, conversas e planejamento financeiro.

Neste capítulo, apresento estratégias para uma comunicação eficaz sobre finanças, implementação de metas e objetivos mútuos, de um plano de ação para o casal e gestão do orçamento, para construção de um futuro compartilhado resistente.

Alicerce: conversem sobre finanças.

Comecem sua jornada financeira criando um espaço seguro em que possam compartilhar conversas sinceras e abertas, suas visões sobre dinheiro, experiências passadas e expectativas para o futuro. Lembrem-se de ouvir um ao outro sem julgamento, buscando entender as perspectivas e necessidades de cada um. Estabeleçam expectativas claras sobre como desejam gerenciar as finanças e decidam juntos quem será responsável por quais tarefas financeiras e como tomarão as decisões importantes.

Agendem regularmente conversas sobre finanças para revisar o progresso e fazer ajustes necessários. Esses momentos de reflexão são oportunidades para o casal fortalecer o vínculo um do outro e garantir que ambos estejam alinhados.

Mantenham a transparência, evitando segredos financeiros que possam prejudicar a confiança mútua. E lembrem-se: em caso de desafios financeiros, enfrentem-nos juntos, trabalhando em equipe para encontrar soluções que beneficiem a ambos.

Ao dialogarem abertamente sobre finanças, vocês fortalecem não apenas a saúde financeira, mas também o vínculo emocional que os une.

Projeto arquitetônico: definam aonde querem chegar.

Assim como em *Alice no País das Maravilhas*, "Para quem não sabe para onde vai, qualquer caminho serve" (Carroll, 1865). Portanto, é fundamental vocês terem objetivos claros, pois o casal descobrir os sonhos e metas de cada um (e do próprio casal) é essencial para evitar que os dois sigam por caminhos divergentes quando encontrarem bifurcações nessa jornada.

Existem aqui três horizontes que precisam de igual atenção: os dois indivíduos e o conjunto. Portanto, comecem por identificar seus objetivos individuais primeiro. Imaginem o "dia perfeito", descrevendo detalhadamente cada momento, desde o despertar até o adormecer. Depois, alinhem seus sonhos em conjunto, incluindo objetivos de curto e médio prazo, mas também sonhos de longo prazo. Priorizem apenas o que realmente importa para vocês, entendendo e compartilhando o "porquê" de cada um. Alternem entre os objetivos individuais e os compartilhados, sem julgamentos, nem necessidade de compensação dos valores, para que ambos se sintam contemplados. Com esses objetivos alinhados, criem um mural dos sonhos para manter sempre a visão do futuro que desejam construir juntos.

Mão na massa: orçamento, metas, plano de ação e gestão financeira

Considerem buscar ajuda profissional de um planejador financeiro se notarem falta de conhecimento e/ou de tempo nessa etapa.

Reúnam todas as informações financeiras, detalhando receitas, despesas, dívidas e o que investem, organizando primeiro a renda do casal, considerando-a como uma só, para estabelecerem um teto de gastos em conjunto. Mais adiante, trataremos de suas individualidades. Afinal, se se uniram para somar em suas vidas, então por que não fazer o mesmo com as finanças?

Se o orçamento está apertado, cabe a vocês reduzirem o padrão de vida e/ou aumentarem a receita, precisam estar dispostos a fazer pequenos sacrifícios temporários no estilo de vida para conquistas maiores.

Estabeleçam juntos as metas orçamentárias, determinando a alocação para cada categoria de despesa e investimentos. Uma alternativa inicial é a metodologia do 50/30/20, em que um máximo de 50% da renda é destinada aos gastos fixos (moradia, alimentação, educação etc.), 30% para despesas variáveis como lazer e os 20% restantes para investimentos em reserva e objetivos. Essa abordagem equilibra o presente e o futuro financeiro do casal. Determinem nesse orçamento uma porcentagem dos gastos variáveis para os individuais, permitindo liberdade financeira a cada um, promovendo autonomia e equilíbrio na convivência, sem necessidade de prestações de contas constantes sobre esses gastos.

Desenvolvam um plano financeiro detalhado para alcançar as metas de gastos estabelecidas, em níveis anual, mensal, semanal e, se necessário, diário.

Montem uma base de segurança no planejamento, construindo uma reserva emergencial, considerando acumular ao menos seis vezes o valor do padrão de vida do casal, e destinem ao menos metade dos 20% reservados mensalmente para alcançar essa meta caso não possuam nenhum acúmulo de emergência, optando por investimentos com liquidez e baixo risco para garantir fácil acesso em emergências. Além disso, cada parceiro deve conter um seguro de vida abrangente, cobrindo ao menos invalidez, incapacidade temporária e morte, que proporcione uma fonte de renda passiva em casos de imprevistos como doença ou acidente, especialmente devido à dependência atual da renda ativa para manterem o padrão de vida e os investimentos, além de terem um planejamento sucessório eficaz. Tenham também um plano de saúde familiar, para manterem a força de trabalho intacta, buscando por cuidados preventivos e recuperação da força de trabalho de vocês.

Após uma base segura e reserva montada, o foco deve ser expandir o capital, buscando aplicações para realizar sonhos e garantir independência financeira no futuro. Montem uma carteira de acordo com seus objetivos de curto, médio e longo prazo, considerando a realidade financeira e a tolerância a risco. Depois, dividam o aporte mensal (que antes era destinado à reserva) para os de curto e médio prazo. Já para longo prazo, invistam os outros 10% da renda. Monitorem regularmente esses investimentos e façam mudanças conforme necessário, mantendo constância nos aportes mensais feitos antes mesmo dos gastos, podendo começar com uma quantia menor que os 20%, o mais importante é começar o quanto antes.

Após o plano de ação pronto, sejam gestores de suas finanças! Revisem todas as etapas anteriores de forma periódica, adaptando-as conforme necessário para continuarem atendendo às necessidades e à evolução do casal.

Abram uma conta conjunta para facilitar a gestão e concentrem os gastos e investimentos nessa conta, de preferência em poucos cartões de crédito, simplificando o controle financeiro e aproveitando melhor os benefícios oferecidos como acúmulo de pontos, milhas, *cashback* e isenção ou redução de anuidades. Se necessário, tenham cartão adicional para gastos individuais, mas com limite alinhado à meta de gastos pessoais.

Controlem todas as entradas e saídas em conjunto, facilita se criarem um grupo em aplicativo de comunicação para registrarem gastos em tempo real ou até mesmo usarem planilhas on-line ou aplicativos, o importante é manterem as finanças em dia.

Realizem uma análise semanal, um fechamento mensal e um planejamento anual. Reservem esses momentos para analisarem o fluxo de caixa, que deverá servir como base para as decisões futuras, para revisarem as metas, fazerem alinhamento, avaliarem o progresso e celebrarem, pois não aproveitar a vida a dois é um erro comum entre casais, que leva a um distanciamento ao longo do tempo, já que, enquanto namorados, vocês desfrutam de momentos de alegria juntos e, no entanto, ao se casarem ou se unirem financeiramente, a vida a dois pode se resumir a poupar para o futuro e pagar contas, levando à falta de sentido e excesso de preocupações. Portanto, incluam em suas metas semanais de gastos uma parcela para encontros como casal e, em suas metas anuais, incluam viagens ou experiências a dois. Reservem tempo de qualidade a dois, para criarem boas memórias, garantam momentos de alegria sem desviar do planejamento financeiro. Afinal, prometeram um ao outro que estariam juntos "na alegria e na tristeza", não o contrário!

Felizes para sempre

Embora o dinheiro por si só não possa garantir a felicidade, ele pode ser uma ferramenta poderosa para vocês a criarem juntos, quando usado com sabedoria e equilíbrio.

Ao decorrer destas páginas, exploramos os fundamentos essenciais para construir uma base financeira sólida e harmoniosa em seu relacionamento. Mas lembrem-se de que cada caso é único, por isso é essencial conversarem e consultarem profissionais financeiros para orientações mais assertivas e personalizadas a suas realidades e sonhos.

Agora é com vocês! Hora de agir!

Comprometam-se a implementar as estratégias discutidas aqui para alcançarem seus sonhos juntos, lembrando sempre da importância da gestão financeira, de investirem regularmente antes dos gastos e de celebrarem as vitórias, reservando tempo para desfrutarem do dinheiro que vocês trabalharam tanto para conquistar.

E lembrem-se de que a disciplina deve preceder a motivação, então permaneçam firmes e focados no objetivo final, pois unidos vocês têm o poder de transformar suas vidas financeiras e construir um futuro próspero. Assim, que este seja o início de uma jornada financeira feliz e realizadora para ambos!

Para ajudá-los ainda mais, elaborei uma planilha de gestão financeira de casais, exclusiva para vocês, leitores! Preencham o formulário e a recebam em seus e-mails: https://forms.gle/gN2SRjJeSt6Ns58t9. Se preferirem, acessem-na pelo QR *code*.

Felicidade traduz-se na frequência de momentos de alegria e reside especialmente na partilha desses momentos com aqueles que amamos.

Lisa Bedatty

LUCIANA MAFRA

Sou Luciana Mafra, nascida em Brasília/DF, mas soteropolitana de coração. Sou empresária, mentora financeira, professora, educadora financeira formada pelo Instituto Soaper, com especialização em dívidas, e formada em Administração de Empresas. Atuo no mercado financeiro há mais de 10 anos. Também sou noiva e apaixonada pela minha família, pelo teatro, por dança e viagens. Meu foco é ajudar mulheres a dominarem suas escolhas financeiras, utilizando técnicas de finanças comportamentais e neuroeconomia para a solidificação dos seus resultados. Meu grande objetivo é fazer com que, cada vez mais, mulheres sintam a liberdade que a educação financeira proporciona, tornando-as capazes de construírem e conquistarem a vida que elas desejam viver!

lucianamafra_

contato.lucianamafra@gmail.com

DNA FINANCEIRO

20 EMOÇÕES E DINHEIRO: COMPREENDENDO E GERENCIANDO A RELAÇÃO

Por Luciana Mafra

Em algum momento da sua vida você já se questionou sobre seus resultados financeiros? Independentemente se a resposta for positiva ou negativa, seu destino financeiro foi moldado pelas escolhas que você fez, não apenas pelo seu conhecimento financeiro. Eu sei que isso é muito contraintuitivo e talvez diferente de tudo que você já tenha ouvido falar sobre finanças até hoje. Neste capítulo, porém, você está prestes a ganhar uma compreensão mais profunda sobre como suas emoções influenciam suas finanças.

Se enriquecer dependesse apenas de decisões matemáticas e conhecimentos técnicos, qual seria a explicação para tantos especialistas em matemática, economia e finanças estarem endividados ou com um resultado financeiro não satisfatório? A verdade é que, por trás de cada decisão financeira, há uma interação complexa entre números e emoções.

Antigamente, os estudos tradicionais da economia defendiam a ideia de que a tomada de decisão era totalmente racional. Mas, atualmente, já existem outras teses que derrubam essa visão, e foi no livro *Rápido e devagar: duas formas de pensar* (2022) que o psicólogo Daniel Kahneman apresentou novas percepções e conceitos sobre a racionalidade, os vieses cognitivos e a respectiva influência destes na tomada de decisão. A neuroeconomia oferece-nos uma lente mais nítida sobre esse fenômeno, por meio de pesquisas e evidências inquestionáveis sobre as emoções no processo decisório.

Não existe uma fórmula mágica de sucesso financeiro, nenhum método único que funcione para todas as pessoas. Afinal, definir uma regra implicaria que todos enfrentam os mesmos desafios, têm as mesmas visões de mundo, os mesmos valores e pensamentos. E isso é impossível.

Durante toda a minha vida, sempre me perguntei por que algumas pessoas navegam com facilidade na vida financeira, enquanto outras enfrentam constantes desafios. Minhas descobertas foram moldadas não apenas por teorias acadêmicas, como também por experiências profundamente pessoais e profissionais. E agora, com total convicção, posso afirmar: de nada vai adiantar possuir conhecimento técnico, se você não entender como funciona a sua tomada de decisão e trazer a consciência para esse processo.

Nós aprendemos por meio da repetição dos fatos ou por forte impacto emocional. Durante toda a sua infância, você foi exposto a diversas influências: pais, professores, familiares e o ambiente ao seu redor. Cada palavra dita e cada ação tomada em relação ao dinheiro foi registrada em seu subconsciente. Cada emoção que sentimos é precedida por um pensamento, reverberando em nossas ações. Tudo o que você aprendeu e foi validado de alguma forma e tornou-se uma crença. E, acredite, o seu cérebro fará de tudo para validá-la. Se for positiva, ótimo! Porém, na maioria das vezes, nossos pensamentos tendem a ser negativos. Por quê? Simplesmente porque nosso cérebro, em sua essência, está programado para nos proteger a todo custo e irá rejeitar novos estímulos.

Isso significa que, muito provavelmente, você esteja repetindo padrões financeiros já estabelecidos. Se você se encontra aquém dos resultados que deseja, é hora de encarar a verdade: pensamentos limitantes estão sabotando seu potencial financeiro. Esses padrões mentais negativos surgem automaticamente, desencadeando emoções igualmente negativas — medo, culpa, raiva, tristeza — que minam sua capacidade de resolver problemas de forma eficaz. Agindo como interferências em seu cérebro, essas emoções comprometem seriamente sua capacidade de tomar decisões racionais.

Esses pensamentos automáticos negativos são exagerados. O problema é que o seu cérebro não tem a capacidade de discernir se esses pensamentos são verdadeiros ou não. Eles assumem grande proporção, alimentados pela ansiedade e medo e, antes que perceba, você se vê imerso em uma espiral de preocupações que parecem insuperáveis.

O segredo para transformar sua situação financeira começa na maneira como você encara o dinheiro. Como T. Harv Eker coloca em seu livro *Os segredos da mente milionária* (2020), "o subconsciente sempre irá optar pela emoção ao invés da razão". Isso ocorre porque nosso cérebro tem a necessidade de economizar energia, recorrendo às premissas para tomar decisões de forma rápida e automática.

Imagine seu cérebro como um motor incansável, que consome energia incessantemente. Já se pegou exausto após horas de estudo intensivo? Isso ocorre porque nossa mente está utilizando a parte mais analítica e lenta. Diante desse desafio, nosso cérebro busca constantemente maneiras de economizar energia, automatizando processos sempre que possível. Agora, pense na quantidade absurda de decisões que tomamos diariamente. Se cada uma delas exigisse um pensamento lento e racional, estaríamos rapidamente esgotados. É por isso que nossa mente recorre a atalhos.

Quando queremos mudar hábitos, simplificar o processo é essencial. Quanto mais fácil uma ação se torna, mais propenso você estará de realizá-la automaticamente. E associar essa ação a um contexto específico pode ser ainda mais eficaz. Por exemplo, se você deseja se exercitar mais, deixar suas roupas e acessórios separados na noite anterior é uma excelente estratégia. Ao fazer isso, você elimina a necessidade de tomar grandes decisões ao acordar.

Assim como facilitamos o processo para automatizar comportamentos desejados, também podemos dificultar o caminho para quebrar padrões prejudiciais. Por exemplo, se queremos parar de comprar impulsivamente, é útil tornar o processo de compra mais desafiador. Deixar o cartão em casa e criar obstáculos para essa ação são estratégias eficazes para adiar a decisão de compra, interrompendo assim o ciclo de agir por impulso.

Para alcançarmos mudanças significativas, é crucial termos clareza sobre nossos objetivos e motivações. Precisamos entender o porquê por trás de nossas ações, a motivação que nos leva a buscar determinados resultados. Sem esse motivo para ação, é improvável que consigamos mudar nosso comportamento de maneira eficiente.

Vou exemplificar com um caso prático. Desde cedo, Ana cresceu em uma família em que o dinheiro era fonte de conflito constante. Seus pais brigavam frequentemente por questões financeiras e, devido à alta demanda de trabalho, eram ausentes. Para compensar essa ausência, eles a presenteavam sempre que ela apresentava bons resultados de comportamento e boas notas na escola. No entanto, atualmente, Ana enfrenta desafios, como seu divórcio, após um casamento em que as compras impulsivas eram um problema constante. Ela usava esse comportamento como regulador emocional. Devido à sua vivência, Ana aprendeu que presentear era uma forma de demonstrar amor. Dessa forma, sempre que ela precisava se sentir amada, ela se presenteava. No entanto, agora, com problemas financeiros, o prazer dessa ação é substituído por culpa e frustração.

Com ajuda profissional, além de adquirir conhecimentos técnicos essenciais para sua evolução financeira, Ana identificou os gatilhos que desencadeavam seus comportamentos disfuncionais. Cansada de viver aquém do que poderia, decidiu mudar e agir de acordo com seu planejamento de vida.

Agora pare um momento e reflita: por que será que tantas pessoas têm tanta dificuldade em encarar suas finanças de frente e organizá-las? A resposta pode ser surpreendentemente simples: muitos associam a organização financeira com privação, como se cuidar das finanças fosse sinônimo de renunciar à vida. Você já se sentiu assim? No entanto, a realidade é bem diferente. Administrar suas finanças, de forma eficaz, proporciona liberdade e uma vida mais plena e gratificante.

Nessa jornada de transformação, é fundamental ter paciência e compreender que a mudança não é apenas uma questão de hábitos, mas sim de autoconhecimento. Afinal, você passou anos agindo dessa forma e não se pode esperar que velhos hábitos e crenças desapareçam da noite para o dia. No entanto, cada passo nesse processo de autoconsciência é uma vitória, pois é a consciência que nos permite compreender a motivação por trás de nossas escolhas. Antes, você apenas colhia os resultados das suas ações de forma inconsciente. Mas, a partir deste momento, com todo o conhecimento adquirido por meio deste livro, suas ações serão conscientes e intencionais. Lembre-se: diante do conhecimento adquirido, a falta de ação também é uma escolha. Então, querido(a) leitor(a), siga estes passos práticos rumo à realização dos seus objetivos financeiros.

1º passo: conscientização sobre a sua realidade financeira.

Observe ao seu redor: qual o panorama financeiro das pessoas mais próximas? Você possui resultados financeiros diferentes ou repete os mesmos padrões?

2º passo: desafiando modelos financeiros negativos.

Para cada modelo financeiro negativo, identificado anteriormente, procure referências de sucesso financeiro que se oponham a esses padrões.

3º passo: encare a realidade, sem negação dos fatos.

Você só pode mudar o que você reconhece. Encare sua realidade financeira de frente, sem desculpas.

4º passo: estabelecendo objetivos claros.

Quais são seus sonhos e aspirações financeiras? Se ninguém pudesse julgar suas escolhas, como seria a vida que você gostaria de viver?

5º passo: crie um ambiente de apoio e inspiração.

Cerque-se de pessoas e ambientes que incentivem e fortaleçam suas aspirações financeiras, expondo-o(a) a novas possibilidades e ajudando-o(a) a trilhar o caminho em direção à vida que você deseja.

Embora possa parecer desafiador, compreender e gerenciar suas emoções é o primeiro passo rumo à verdadeira liberdade financeira e emocional. Cada escolha é impulsionada por nossas emoções, conscientes ou não, e reconhecer esse fato nos dá o poder de transformar nossa relação com o dinheiro.

Não se trata apenas de acumular riqueza material, não é sobre o dinheiro, é sobre a liberdade para construir e conquistar a vida que deseja – de forma autêntica, significativa e alinhada com seus valores e objetivos mais profundos. Ao equilibrar suas emoções com sabedoria e tomar decisões financeiras conscientes, você poderá criar um futuro de abundância e realização. Sucesso na sua jornada!

(Referências ao final do livro.)

**Não é sobre o dinheiro,
é sobre a liberdade para
construir e conquistar a vida
que você deseja.**

Luciana Mafra

LUIZ CORREIA

Sou Luiz Correia, natural de Capão da Canoa/RS, sou casado com a linda Elisabete e temos duas joias lindas, o Samuel e a nossa pequena Maitê.

Fui bancário por mais de 12 anos e já morei em outros estados brasileiros servindo à instituição financeira, hoje sou CEO da Administrar Mais Gestão Financeira e transformo vidas de empresas e empresários. Sou mentor, palestrante e educador financeiro, digo que sou estrategista financeiro, levando as pessoas para um novo método de enxergar finanças e dinheiro, tendo como meu principal fundamento a palavra de Deus.

Sou um eterno sonhador e acredito sim que a palavra de Deus transforma vidas e que as pessoas precisam desenvolver um olhar para suas finanças para que consigam viver o seu propósito aqui na terra e ser abundante em todas as áreas.

luiz.ccorreia

administrarmais

+55 (51) 99827-1101

contato@administrarmais.com.br

DNA FINANCEIRO

21 TRANSFORME SUA MENTALIDADE E CONSTRUA UMA VIDA PRÓSPERA

Por Luiz Correia

Quem aí está pronto(a) para libertar a mente das correntes da escassez e abraçar uma vida de prosperidade e abundância? É incrível como nossos pensamentos podem nos aprisionar, mas a boa notícia é que podemos nos libertar dessas crenças limitantes e abraçar a promessa de um futuro próspero!

Como existem atualmente muitos pensamentos de incapacidade e de inferioridade sobre as pessoas, com relação a prosperidade e a riqueza; ao passo que esses pensamentos, muitas vezes enraizados desde a infância, são como correntes que aprisionam pessoas a escassez, pobreza e limitações. Mas é necessário se desprender desses conceitos ou dessas crenças limitantes em relação a uma vida próspera e abundante. Na própria escritura da Palavra de Deus, em Jeremias 29:11, é dito "porque sou eu que conheço os planos que tenho para vocês; planos de fazê-los prosperar e não causar danos, planos de dar a vocês esperança e um futuro". Isso demonstra que devemos sim confiar no que está escrito e entender que todos podem ter uma mente próspera e com toda a certeza devemos treinar e desenvolver um rico raciocínio na arte de pensar, comunicar, planejar e construir sua vida pautada na prosperidade.

Ter uma mentalidade de riqueza não significa que você deve ser ou estar rico, mas sim ter uma abordagem positiva e construtiva em relação ao dinheiro no seu dia a dia. Mas como ter estas características ou começar a tê-las e ser diferente em busca dessa mentalidade? Eu acredito que estes princípios devem nos nortear todos os dias:

- **autoconfiança:** você precisa ter confiança em suas habilidades financeiras para daí sim desenvolver essa mentalidade. O primeiro passo é confiar que você é capaz de tomar decisões financeiras inteligentes sem precisar depender de pessoas mais próximas ou familiares, este é o primeiro passo para o sucesso da sua trajetória.

- **aprender com os seus erros:** não olhe para seus erros como fracassos, isso é o que nossa mente faz de imediato. Use-os como aprendizagem para suas novas tomadas de decisões no futuro.
- **pensamento no futuro:** ter uma mentalidade próspera automaticamente faz a gente pensar a longo prazo nos sonhos que desejamos realizar, e por que fazemos isso? Porque isso nos obriga a fazer mudanças ou até mesmo sacrifícios para a realização desse sonho e, aí, automaticamente economizamos e fazemos investimentos.
- **aprendizagem contínua:** assim como o mundo está em constante evolução, o mundo financeiro também, portanto precisamos estar dispostos a sempre aprender e adquirir novas habilidades financeiras.
- **praticar a generosidade:** as pessoas que têm prosperidade financeira sempre buscam maneiras de contribuir e fazer a diferença na vida das outras pessoas.

A mente de uma pessoa próspera é o que distingue aquela que vai realmente conseguir, ter suas finanças controladas e organizadas, fazer sobrar dinheiro e investir para realizar os sonhos de Deus na sua vida, daquelas que desistem, ficam à espera de um milagre e dão desculpas para sua própria falta de sabedoria.

E, se você sente que é uma pessoa travada, que é uma pessoa sem conhecimento ou até mesmo que não nasceu para ter uma vida em abundância, saiba que os frutos financeiros que geramos são resultados de raízes que temos em nossa vida, e essas raízes são nossas crenças definidas ainda na infância.

Crenças são opiniões formadas ou convicções que temos e que são frutos das nossas experiências, a maioria destas crenças foi inserida quando éramos crianças. Imagine uma árvore que foi plantada, adubada, regada e muito bem cuidada: ela só pode dar bons frutos se a raiz estiverem firmes e saudáveis. Se essa árvore tiver raízes fracas, os resultados serão sempre fracos e muitas vezes sem os resultados que foram esperados pela árvore.

E o que são essas raízes na árvore da nossa vida financeira? São as crenças, aquilo em que você sempre acreditou ou acredita até hoje e que muitas vezes quando criança ouviu e ficou registrado em sua mente. E isso vai determinar os resultados financeiros que você tem ou que possa ter. Vai resultar no quanto de dinheiro você tem no banco, se você utiliza o cheque especial, se você é uma pessoa que realiza muitos empréstimos etc.

Hoje, se um multimilionário perder tudo, em pouco tempo ele reconstrói tudo, e sabe por que isso acontece? Porque as raízes dele são de multimilionário, isso não muda. O contrário também ocorre, veja-se a mesma situação com uma pessoa de mentalidade pobre: se ela ganhar muito dinheiro, esses frutos sumirão instantaneamente porque ela não sabe como fazer para gerar mais frutos, porque a riqueza não foi gerada pela raiz.

Você só terá resultados financeiros de prosperidade se a sua mente for próspera.

Nós, seres humanos, lindos e maravilhosos como somos, temos uma tendência a negar os problemas, principalmente quando se trata de problemas financeiros. O que sempre achamos e falamos? Que o nosso caso é único, que só acontece conosco e que esse problemão em nossa mente não pode ser resolvido com mudança de mentalidade e educação financeira.

Mas para você entender isso, também precisa estar disposto a fazer essa mudança de mentalidade, é como as raízes de uma árvore: se você tiver raízes de pobreza, escassez, não vai ter como colher abundância. Essas raízes na nossa vida são as que chamamos de conjuntos de crenças, que são os pensamentos considerados verdadeiros para cada pessoa, não existe o certo e o errado, é aquilo que está enraizado na sua mente. Tudo aquilo em que você acredita são crenças, e o seu cérebro institivamente toma decisões todos os dias e "parece" que você não percebe.

Recado de ouro para você: as crenças não são sempre verdadeiras ou falsas, certas ou erradas, são simplesmente opiniões fortes enraizadas nos pensamentos de cada indivíduo. E você sabia que nós (eu me incluo também porque já vivi muito dessa maneira) não vemos o mundo como ele é? Nós vemos o mundo como nós somos, de acordo com as nossas crenças, porque nossos pensamentos criam o nosso mundo, incrível não é mesmo? E, com isso, as nossas crenças, que até então estão enraizadas, elas podem sim nos capacitar ou incapacitar a fazer algo em nossa vida.

Nossa mente é muito poderosa e precisamos sempre a educar para sermos abundantes aqui na terra, um exemplo forte de crença é quando a pessoa acredita que dinheiro é mau: o que essa pessoa vai fazer sempre que tiver dinheiro? Vai retirar, vai excluir da sua vida, porque sempre iremos tender a fugir do que consideramos mau, e isso é automático e inconsciente aí na sua mente.

E na Palavra de Deus, na Bíblia, é falado sobre crenças e afirmado que Deus não condena os ricos ou a riqueza, mas sim o amor ao dinheiro, essa sim é a raiz de todo mal, e está escrito em 1 Timoteo 6:10. Você pode e deve sim ser uma pessoa rica, mas não deve desejar ser rico a todo custo e amar ainda a riqueza e buscar sempre mais dinheiro sem um propósito, lembre-se de que o que nos move é o nosso propósito. Lembrando sempre que dinheiro é uma ferramenta dada por Deus em nossas vidas para que possamos cumprir o nosso propósito.

Em minhas palestras ou em mentorias e até mesmo em conversas com pessoas próximas, é possível perceber o quanto as pessoas estão limitadas com sua mentalidade sobre dinheiro ou riqueza, são muitas crenças que as limitam e as travam para serem pessoas prósperas. Veja como temos frases em nosso inconsciente e não percebemos: "Essa pessoa não merece ter dinheiro", "Ser rico não é para mim, dá trabalho", "Não tenho tempo", "Dinheiro é sujo', "Ricos não prestam", "Rico não vai para o céu".

Se você pensa dessa mesma forma, convido-o(a) a partir de agora a fazer essa virada de chave e transformar a sua vida, não seja mais escravo(a), essas crenças estão o(a) impedindo de prosperar. Quando você tem uma mentalidade de prosperidade, é obrigado a ser mais e mais criativo, é incentivado a desenvolver cada vez mais sua inteligência financeira, e os resultados são consequência, porque eles virão.

Olha como nossa mente é brilhante e como ela age, se você pensa que estudar sobre dinheiro não é importante, o que vai acontecer com esse dinheiro? Ele vai fugir de você. Se você pensar que ser rico é ruim e dá trabalho, sua mente vai fazer o quê? Vai dar um jeito de acabar com todo o dinheiro que você ganha. É uma proteção que seu cérebro faz para lhe manter nas crenças que estão enraizadas em você.

Quando falo em mudança de mentalidade, em quebrar determinadas crenças, isso requer muito de você, porque você terá que sair da zona de conforto. É fazer uma autorreflexão todos os dias pela manhã e no fim do dia: O que eu quero para que meu dia comece bem? Com quem eu quero me conectar? E no final do dia, o que eu aprendi no dia de hoje, onde eu errei e posso melhorar? Será fácil fazer isso? Claro que não, mas precisa se tornar um hábito.

Desenvolver essa mentalidade próspera requer esforço, mas é um investimento valioso em si mesmo e no seu futuro. Lembre-se de que este será apenas o primeiro passo em direção ao sucesso. Também é necessário trabalhar, ser disciplinado e perseverar para alcançar seus objetivos.

Faço-lhe um convite: Faça um propósito consigo mesmo de não reclamar este ano, não fique culpando as crises econômicas e o cenário econômico onde você está inserido, não culpe os governantes pelos seus resultados ou falhas. E não adianta ficar culpando Deus ou ficar esperando um milagre se você não faz a sua parte.

Conforme Romanos 12:2: "Não se amoldem ao padrão deste mundo, mas transformem-se pela renovação da sua mente, para que sejam capazes de experimentar e comprovar a boa, agradável e perfeita vontade de Deus".

Comece a ver o mundo sob um olhar de criança, quando começa a descobrir os porquês das coisas, sem julgamentos, enxergue de forma diferente e seus resultados serão diferentes também. Viva sob o propósito da Palavra de Deus e, quando as adversidades surgirem (porque elas virão), você saberá exatamente o que fazer e cumprir conforme o que o Senhor quer para sua vida, que é **ser feliz, e feliz com abundância**.

Você só terá resultados financeiros de prosperidade se a sua mente for próspera.

Luiz Correia

MÁRCIA SAMPAIO

Quem sou eu?

Eu me chamo Márcia Sampaio, sou uma mulher cristã, casada e mãe de dois filhos. Tenho uma grande paixão por viagens e por vivenciar novas experiências. Exerço a função de mentora financeira, pois tenho um desejo profundo de auxiliar as pessoas a alcançarem uma vida próspera.

Possuo mais de 25 anos de vivência na área, com experiência em instituições bancárias de destaque. Além disso, atuei como diretora financeira em uma empresa de tecnologia, explorei o mercado de *marketing* de rede e sou autora do livro cristão infantil *Tesouros da Palavra: O Princípio*.

Durante minha jornada, superei diversos desafios, demonstrando que a origem não determina o destino e que é possível alcançar a vitória.

marciasampaio.correia

+55 (47) 98447-2386

marciasampaioef@gmail.com

DNA FINANCEIRO

22

A IMPORTÂNCIA DA EDUCAÇÃO EM FINANÇAS PESSOAIS

Por Márcia Sampaio

A educação continuada sobre finanças pessoais é um processo fundamental para o desenvolvimento das habilidades financeiras ao longo da vida. Neste capítulo, falaremos sobre a importância dessa educação e como ela pode ser benéfica no decorrer de nossa vida.

Você já percebeu como atualmente as coisas mudam na velocidade da luz? O que é importante e bom hoje, amanhã é obsoleto, ficou em desuso e não serve mais. O que você aprendeu sobre educação financeira, sobre a forma de gerir suas finanças pessoais também está em constante mudança e a depender do tempo não se usa mais.

Buscar conhecimento sobre finanças possibilita-nos reagirmos antecipadamente às mudanças no mercado e a tomarmos decisões mais assertivas. Nessa mesma perspectiva, a falta de informação pode resultar em prejuízos financeiros significativos.

Aprender sobre finanças, orçamentos, investimentos, créditos e proteção financeira é uma jornada de exercício contínuo, quanto mais conhecimento adquirimos, mais capacitados nos tornamos. A educação financeira ajuda-nos a evitar gastos impulsivos, investimentos inadequados, dívidas erradas, compra de produtos financeiros que não nos servem, entre outras coisas. Quanto maior nosso conhecimento sobre finanças, melhor conseguimos gerenciar o nosso dinheiro, consequentemente contraímos menos dívidas, reduzimos o estresse, evitamos brigas em casa pela falta de recursos, melhoramos nossa qualidade de vida e nossos relacionamentos, possibilitando uma maior segurança monetária e a realização dos nossos sonhos e dos sonhos de quem amamos.

O autor Gustavo Cerbasi começou a falar fortemente sobre educação financeira em 2002, quando escreveu livros sobre a temática de finanças pessoais. Como ele mesmo disse em seu livro *Casais inteligentes enriquecem juntos*, a maior motivação de ele começar a escrever foi por não acreditar que exista um culpado pelo fracasso, por não acreditar que gastar é menos importante que poupar, por não acreditar nas ideias de "rotina", "supérfluo" e "não ter como sair das dívidas", assim ele arregaçou as mangas e decidiu compartilhar com mais pessoas ideias que enriqueciam e traziam harmonia para o lar.

Hoje, essa procura por educação financeira sobre como cuidar das nossas finanças vem ganhando cada vez mais espaço e interesse das pessoas, em busca de um conhecimento que nunca nos foi passado. Na verdade, falar sobre dinheiro antigamente era considerado até um "tabu".

E qual a importância de entendermos sobre finanças pessoais?

É importante porque, todos os dias precisamos tomar decisões financeiras que vão desde o planejamento do orçamento da família até a realização dos nossos sonhos. Tudo, absolutamente tudo na vida hoje exige dinheiro e nossas decisões financeiras afetam diretamente nossa qualidade de vida. Portanto, investir em educação financeira é primordial para termos uma vida próspera e abundante. Outra coisa que posso afirmar é que tudo aquilo que você foca, expande.

Então, se você se dedicar a aprender sobre educação financeira, a tendência é que essa parte da sua vida vá "muito bem, obrigada". Agora, essa busca constante é sempre uma caminhada longa e por isso nunca podemos desanimar, desistir ou parar. A busca por conhecimento deve ser um hábito, não é fácil, mas lhe garanto que vale a pena.

Mas não basta só aprender. É preciso articular esse conhecimento com outras instâncias da existência. Atualizar-se constantemente é uma necessidade!

Uma pergunta que eu quero lhe fazer é: alguma vez você já investiu em conhecimento nessa área da sua vida? Ou qual foi a última vez que você investiu em conhecimento nessa área que é uma parte fundamental da sua vida? Eu digo fundamental porque a parte financeira é uma das partes mais importante da vida do ser humano, pois no mundo de hoje precisamos de dinheiro para tudo o que nós fazemos, tudo mesmo.

Pense em qualquer coisa que você queira nesse momento e perceba que precisa de dinheiro, nem que seja para você vestir a roupa que você está vestindo, comer a comida do dia, absolutamente tudo envolve dinheiro. Há uma frase que sempre digo que é: "Se você está comendo, alguém está pagando".

De nada adianta você correr para o lado errado, é melhor que você ande na direção correta. Mais importante que a velocidade é a direção. Por isso digo que investir conhecimento na área financeira, em suas finanças, é crucial para o seu sucesso financeiro. De nada adianta trabalhar muito, ganhar muito dinheiro e não saber como cuidar de seus recursos, não fazer eles sobrarem todo mês, não os colocar para trabalharem para você, porque quanto mais o seu dinheiro trabalha para você, menos você precisa trabalhar para tê-lo. É uma questão de lógica e matemática.

Salvo algumas raras exceções, ninguém nunca nos orientou como devemos cuidar das nossas finanças. Nem nossos pais e nem nossas escolas. E o que geralmente sabemos vem da influência que sofremos, desde que nascemos, dos nossos tios, avós, professores, escola, mídia, amigos e principalmente dos nossos pais. Assim, de forma orgânica e natural, começou a ser construída em nós uma programação mental.

E o que é essa programação mental? É tudo o que escutamos, ouvimos, as crenças, as ideias e os conhecimentos que são instalados em nossa mente, no consciente e subconsciente. Quando crescemos, à medida que vamos nos desenvolvendo, percebemos que não precisa ser assim: aquela vida era dos nossos pais e não nossa, que a partir de agora nós somos responsáveis por desenharmos e desenvolvermos a nossa vida como quisermos e que o sol nasce para todos. E aqui vai mais uma frase que eu falo sempre, principalmente para os meus filhos: Deus não deu dom especial para ninguém na terra, se uma pessoa consegue, você também consegue. Mas precisamos fazer a nossa parte, porque só Deus é capaz de multiplicar o zero, por isso esse pilar de busca constante por conhecimento é tão importante para a nossa vida.

Você já se perguntou por que tanta gente tem uma vida financeira organizada, tem abundância financeira e sabe gerir muito bem o seu dinheiro? Qual o segredo dessas pessoas? Conhecimento é a palavra-chave, elas se dedicaram a aprender, a se desenvolver, colocar em prática o que aprenderam, estão em constante evolução em busca de educação e conhecimento em todas as áreas da vida.

Geralmente, essa busca continuada por conhecimento e aprendizado baseia-se em quatro pilares.

- **Conhecer:** precisamos identificar a possibilidade de aprender em qualquer ocasião vivida, tudo o que nos acontece na vida é uma grande fonte de aprendizado, há até um ditado popular, muito conhecido, que diz: ou é benção ou é lição. Então, em tudo o que nos acontece devemos parar e pensar: o que posso aprender com isso que está acontecendo comigo?
- **Fazer:** quanto mais fazemos algo, melhor ficamos naquilo. A prática leva à perfeição. Quanto mais se desenvolver e praticar determinada atividade, mais chances de sucesso terá. Já imaginou querer aprender a nadar e ficar só estudando sobre natação e nunca entrar na piscina ou no rio para praticar? Você acha que vai aprender alguma coisa? É claro que não! Assim é com as suas finanças pessoais, é necessário buscar conhecimento, aprender e praticar para que fique cada vez melhor e consiga gerir as suas finanças com mais facilidade.
- **Conviver:** conviver com as pessoas e aprender com a experiência delas é algo incrível. Essa parte geralmente é a mais barata e mais rápida. Porque se prestarmos atenção no que acontece com os outros e tirarmos proveito desse aprendizado ele não nos custará nada. Vou lhe dar um exemplo: alguém perto de você levou um golpe pelo celular e você ficou sabendo de toda a história. Se você aprender com isso, a probabilidade de cair no mesmo golpe quase fica nula.
- **Ser:** o desenvolvimento individual deve ser buscado com frequência em nossa vida para que nos tornemos cada vez mais atualizados e sábios.

Em todos esses anos de atuação, já vi muitas vidas sendo transformada pela educação financeira. Casais que brigavam muito, devido ao descontrole financeiro, e não se separaram porque se sentaram, foram buscar conhecimento e colocaram em prática os ensinamentos obtidos nessa área. Já vi famílias que eram muito endividadas e que hoje vivem uma vida completamente diferente porque aprenderam e souberam colocar em prática todo o conhecimento. Eu mesma sou a prova viva de que conhecimento é o melhor caminho para termos uma maior qualidade em todas as áreas da nossa vida. Há uma frase de Benjamim Franklin que diz: "Investir em conhecimento sempre rende os melhores juros" (Ferreira,

2023, *on-line*), e eu gostaria muito que você parasse um pouco essa loucura do dia a dia e colocasse os olhos na sua vida financeira, aprendesse o que ainda não sabe e buscasse constantemente essas informações para que começasse a realizar os seus sonhos, ter noites tranquilas de sono, sonhar com a sua independência financeira e ter a vida que sempre sonhou.

Em resumo, a educação em finanças pessoais é um investimento valioso para todos. Ao adquirir conhecimento e aplicá-lo em nossa vida cotidiana, podemos alcançar maior estabilidade financeira e bem-estar.

Eu não conseguiria lhe ajudar em apenas um capítulo de livro porque existem muitas técnicas, ferramentas e muitas maneiras de conquistar a organização financeira e uma vida bem mais tranquila e feliz. Então, se você está cansado de trabalhar por anos, não ver o seu dinheiro sobrar, não consegue realizar seus sonhos ou até já perdeu a esperança de ter uma vida financeira equilibrada, eu lhe digo que é possível sim, independentemente da situação em que você se encontra hoje.

E se você não sabe por onde começar, ou quer aprender mais, eu o(a) convido a me seguir no Instagram @marciasampaio.correia, pois todos os dias eu posto conteúdo e ferramentas para ajudá-lo(a) nessa busca por conhecimento.

Muito obrigada por ter ficado comigo até aqui, espero de coração que eu possa ter inspirado você e agregado de alguma forma à sua vida.

Espero você lá. Um abraço.

(Referências ao final do livro.)

Somente Deus é capaz de fazer as coisas do zero, mas você pode fazer do zero um número infinito de possibilidades.

Márcia Sampaio

NAIARA FLORENTINO

Prazer! Meu nome é Naiara Florentino, sou mineira e apaixonada em aprender e contribuir com o próximo. Meu maior bem é a minha família, que é minha base juntamente com Deus. Sou escritora, consultora e mentora financeira, formada em Ciências Contábeis com especialização na área de pessoas e finanças.

Acredito que na base de todo resultado primeiramente vem a pessoa, com isso busquei aprofundar-me em alguns assuntos no campo do desenvolvimento pessoal, resultando em algumas formações na área, o que agrega e vem impulsionando muito meus atendimentos. Hoje atuo direcionando pessoas a prosperarem de forma segura e leve, em sua vida e em seu negócio.

a.naiaraflorentino

+55 (32) 99823-3997

nfconsultoriaedesenvolvimento@gmail.com

DNA FINANCEIRO

23 CONSTRUINDO RESILIÊNCIA FINANCEIRA EM MEIO AO CAOS

Por Naiara Florentino

Ao longo da vida, todos nós enfrentamos momentos de desafios financeiros que podem nos deixar desanimados e desesperançosos. No entanto, é nessas situações que descobrimos o quão grande nós somos e a nossa capacidade de se reconstruir após esses acontecimentos imprevisíveis, é nesses momentos que descobrimos novas habilidades e formas de fazer renda extra, que vão além do ato de arcar com os compromissos daquela situação.

O fato é que, independentemente do valor do salário que você recebe mensalmente, todos estamos suscetíveis a eventos imprevisíveis a qualquer momento e precisamos estar fortes e preparados para conseguir superar e sair desse momento de turbulência. Mas para se reerguer desse tombo, não basta apenas querer e pensar de forma otimista naquela situação, sabemos que não é tão fácil assim, como é falar. Nesses momentos, precisamos de muita resiliência, autoconhecimento, coragem e persistência, pois as coisas não vão se resolver do dia para a noite, muito menos sozinhas.

O problema é que muitas pessoas não estão preparadas para uma crise financeira, seja ela qual for. A perda de um emprego, um problema de saúde, uma crise econômica mundial são exemplos de eventos que podem abalar não apenas o campo financeiro, mas também a saúde física, mental e emocional.

Nesses momentos, a tomada de decisão é importante e fará toda a diferença. É aqui que você decidirá se irá focar no problema ou buscar por soluções. Uma simples pausa para respirar e decidir de forma consciente o que você irá fazer pode ser fundamental para não tomar decisões ruins. Mas, infelizmente, a maioria das pessoas, quando acontece algo que não estava previsto na vida delas, com o despreparo acabam sendo sobrecarregadas pela situação, o que as leva a tomar decisões precipitadas.

É nos momentos mais escuros de nossa vida que precisamos parar, respirar, analisar e aprender a ser resilientes conosco, mesmo sendo algo tão difícil naquele momento. Precisamos olhar nossa vida na totalidade, buscar interpretar a situação como um acontecimento de aprendizado, buscar ajuda e não sentir medo nem se sentir envergonhado(a) por isso, aliás saiba que você não é o(a) único(a) que passa por esses momentos assustadores, todos nós passamos. Precisamos entender quem está com a gente e com quem podemos contar, ter apoio ajuda-nos a refletir e acalmar, afinal, duas cabeças pensam melhor que uma. Mas como podemos construir essa resiliência?

Primeiro, é importante que você entenda o que é resiliência e o que é ser uma pessoa resiliente. A palavra resiliência está relacionada à capacidade de um objetivo ou de um ser vivo de retornar ao seu estado natural após vivenciar adversidades. Seguindo nesse contexto, podemos considerar resiliente a pessoa que tem a capacidade de superar os desafios com tranquilidade, leveza e acolhimento consigo mesma. Agora que entendemos o que é resiliência e o que é ser uma pessoa resiliente, cabe a pergunta: Você tem sido resiliente consigo?

Como sabemos, ninguém está ileso de acontecimentos imprevisíveis na vida, todos estamos suscetíveis a eles a qualquer momento e, para os enfrentarmos com leveza e sairmos mais fortes, precisamos construir a resiliência financeira, é ela a chave para nos reerguermos com mais segurança e tranquilidade das turbulências que surgem em nossos caminhos.

A resiliência financeira é a preparação de uma base financeira sólida. Isso inclui a criação de uma reserva de emergência, um plano de gastos realista com sua vida e investimento em conhecimento financeiro para tomar decisões informadas. A falta de resiliência financeira pode levar a uma série de consequências, incluindo altos níveis de endividamento, estresse e até mesmo problemas de saúde mental. Por outro lado, as pessoas que são financeiramente resilientes possuem a capacidade de enfrentar os desafios com mais confiança e encontrar maneiras criativas de superá-los, adaptando-se e permitindo-se a se reinventar naquele momento, tirando do ruim lições para sua vida como aprendizados e oportunidades de crescimento.

Agora que já ficou clara a importância de trabalhar e desenvolver a resiliência financeira, vamos desenvolver o plano prático. É ele que lhe dará tempo para pensar com tranquilidade e tomar suas decisões com calma. Nele vamos trabalhar o olhar para seus números, assim como é importante se conhecer é importante conhecer seus números, são eles que irão lhe direcionar e proporcionar uma clareza realista da sua vida como um todo.

Antes de mais nada, tente se acalmar, respirar, traga sua mente para o presente, é no presente que você buscará estratégias e realizará ações para sair da dificuldade. Ao fazer seu plano prático você precisa saber onde está hoje, com quais recursos conta, quem está envolvido no contexto e se pode contar com alguém, pois de nada adianta eu lhe falar para construir uma reserva financeira se você não tem clareza nem de como está hoje. É importante ter esses questionamentos, pois eles nos trazem clareza de como realmente estamos, e acredite, muitas vezes podemos até nos surpreender positivamente com os resultados.

1º passo: avalie sua situação financeira atual.

Para isso, comece anotando suas contas, entradas e saídas de dinheiro, independentemente da forma (seja dinheiro, pix, crédito ou débito). Após as anotações, separe cada despesa por categorias, por exemplo: alimentação, moradia, lazer etc. Essa ação irá lhe ajudar a direcionar sua energia para onde realmente é necessário na hora de realizar suas análises e traçar estratégias.

2º passo: faça questionamentos a todo o momento.

Como estão minhas finanças hoje? Aonde eu quero chegar? Do que preciso? Quais recursos possuo agora? Onde e como posso conseguir os recursos de que preciso? Minhas finanças interferem somente em mim ou existe alguém envolvido? Quais são minhas prioridades atuais? Alguém pode ajudar em momentos difíceis? Quem?

3º passo: analise seus números.

Ao analisar é importante que você tenha em mente suas prioridades atuais, essa clareza irá facilitar na hora de reduzir ou cortar gastos.

Para analisar seus números, faça-se perguntas como: O que eu posso viver sem por um período? O que eu posso cortar de vez da minha vida? O que não dá para cortar de maneira alguma? O que eu posso reduzir?

Muitas vezes, você consegue identificar gastos em excesso ou desnecessários que estão levando seu dinheiro para o ralo e você nem está notando. Por fim, inclua um teto de gastos para suas despesas, se facilitar você pode colocar por categorias.

4º passo: analise seu saldo final.

Para isso, faça um cálculo básico: receita – despesa = saldo do mês.

Saldo positivo? Ótimo. Aproveite para avaliar o que deu certo e o que pode continuar fazendo.

Saldo zerado? Alerta. O que aconteceu? Hora de se questionar e buscar o porquê e se reinventar. Aqui, caso aconteça algum imprevisto, o mais provável é que você acabe se endividando ou pagando mais caro por algo, por ser algo de necessidade imediata.

O saldo ficou negativo? Alerta máximo. Analise o porquê e verifique alguma forma de fazer renda extra para poder direcionar dinheiro para sua reserva de emergência e quitar os gastos atuais em excesso. Aqui, caso aconteça algo, o mais provável é que você não tenha aonde recorrer, resultando em dívidas.

5º passo: comprometa-se com você mesmo(a).

Sabe quando você faz alguma compra e se compromete a pagar? Faça isso com você mesmo(a) também, coloque-se na sua gestão financeira e pague-se primeiro.

É importante que você guarde esse dinheiro em um local no qual você não irá mexer, lembrando que o intuito dele é para emergências e não para qualquer coisa que aconteça.

Mas calma, se você já analisou tudo e mesmo assim identificou que agora não é possível direcionar nenhum dinheiro para sua reserva, apenas não direcione. Comece se organizando e avaliando possíveis formas de aumentar sua renda, e assim que der para guardar algum dinheiro, guarde. Essas ações, além de lhe proporcionarem clareza financeira, vão lhe proporcionar segurança e tranquilidade para construir uma base financeira sólida.

6º passo: faça seu planejamento financeiro.

Agora que você tem clareza de seus números e sabe onde pisar e onde não, faça o seu planejamento financeiro, coloque metas realistas, trace ações que conseguirá alcançar, faça previsões. Atenção, é importante que você se atente ao seu dia a dia ao se planejar, muitas vezes algumas situações já estão ali o(a) avisando de que a qualquer momento elas podem acontecer. A maioria das coisas não acontece do nada, então se atente e se antecipe a elas, cuidando de você e do seu financeiro.

É importante que você entenda que a verdadeira resiliência não se trata apenas de resistir às adversidades, mas sim de se adaptar e prosperar mesmo em meio ao caos. Os passos descritos até aqui são o início para a construção de uma base financeira sólida, que ofereça não apenas segurança, como também espaço para reflexão e crescimento pessoal.

Lembre-se: sua jornada rumo à resiliência financeira não é uma corrida de curta distância. Assim como você demorou anos para construir a vida que tem hoje, a transformação financeira também demandará tempo, esforço e paciência. Seja gentil consigo mesmo(a) nessa jornada. Reconheça suas conquistas, aprenda com seus desafios e esteja aberto(a) às mudanças necessárias para alcançar seus objetivos financeiros. E saiba que você não está sozinho(a). Cuide de si mesmo(a), cuide daqueles que ama e cuide de suas finanças com carinho e dedicação. Afinal, a resiliência financeira é mais do que uma habilidade - é uma forma de autocuidado.

Agora, deixo meu agradecimento por você ter me acompanhado até aqui e lhe convido a me seguir nas redes sociais e a compartilhar comigo sua experiência nestas páginas, vou adorar saber e contribuir mais com você. Até breve.

Você é maior do que qualquer obstáculo que surja em seu caminho. Nunca se esqueça disso.

Naiara Florentino

NANDA ABREU

Sou Nanda Abreu, cearense, casada com o meu amado Emerson, mestre em Controladoria e CEO da Realize Bem Consultoria e Educação Financeira.

Trabalho há mais de 20 anos com finanças. Atuei em grandes empresas como líder nas áreas de Controladoria, Relações com Investidores e Novos Negócios, e como docente no curso de Ciências Contábeis. Nos últimos anos, tenho me dedicado a ajudar pessoas e empresas a terem uma vida financeira mais organizada, próspera e condizente com os seus objetivos.

Na minha jornada, supero muitos desafios. Com estudo, autoconhecimento e com as minhas próprias experiências, sinto-me preparada para compartilhar o que aprendi até aqui.

nandaabreu.financas

realizebem

+55 (85) 4042-2080

www.realizebem.com

contato@realizebem.com

DNA FINANCEIRO

24

OBJETIVOS E VIDA FINANCEIRA EM EQUILÍBRIO

Por Nanda Abreu

Todos nós temos objetivos e são eles que nos movem, que direcionam as nossas decisões e ações. Alguns querem se casar, ter filhos, ser bem-sucedidos, ter uma vida confortável. Outros querem se aposentar mais cedo, ter uma vida simples, viajar, morar em outro país, quitar as dívidas. Enfim, quando se trata de objetivos, temos um universo de possibilidades. Cada pessoa tem os seus, e eles podem ser parecidos ou completamente diferentes daqueles com quem você convive.

Então, já que os objetivos são tão importantes, por que poucas pessoas conseguem realizá-los?

A Ipsos, empresa líder global em pesquisa de mercado, realizou um estudo (Brasileiros..., 2023, *on-line*) sobre os objetivos dos brasileiros para o ano de 2024. A pesquisa revelou que a maioria dos entrevistados deseja focar em objetivos financeiros (poupar e investir) e na saúde física (ter hábitos saudáveis). Na sequência, vêm os objetivos profissionais e ter mais momentos de lazer.

Segundo dados dessa pesquisa, em 2023, os brasileiros tiveram como principais atividades: trabalhar (41%), cuidar da família (29%) e assistir TV, filmes e séries (29%). Por outro lado, eles gostariam mesmo era de ter realizado outras coisas, como viajar (39%), fazer exercícios (29%), focar na sua saúde mental (26%) e relaxar (24%).

Os resultados dessa pesquisa mostram uma distância entre o que se desejou alcançar (expectativa) e o que foi efetivamente alcançado (realidade). Também, nota-se que as ações dos entrevistados estavam desalinhadas com os objetivos, e a falta de tempo, em função da rotina diária, aliada à falta de recursos financeiros podem ter sido os maiores obstáculos.

Se, frequentemente, a expectativa e a realidade ficam distantes, isso pode desanimar e dificultar ainda mais a jornada.

Em 2023, o relatório *A era do reencantamento*, da Wunderman Thompson Intelligence, apontou que muitos entrevistados se sentiam desconectados e mencionaram que as pessoas têm menos tempo umas para as outras hoje em dia, e que a tecnologia nos torna mais distantes do mundo real. Também, demonstraram desânimo, afirmando que têm a sensação de vazio, que a vida está menos excitante do que costumava ser e se sentem cansados(as) e esgotados(as) o tempo todo. Para lidar com isso, buscavam intensificar as suas emoções, procurando ativamente por experiências que lhe traziam alegria e felicidade, que os faziam se sentir mais conectados com o mundo (Pessoas..., 2023, *on-line*).

Para nos aprofundarmos nesse tema, apresento um resumo do que está acontecendo, com base nos resultados dessas pesquisas.

O que as pessoas desejam?	O que elas estão fazendo?	Como elas estão se sentindo?
Ter dinheiro	Trabalhando em excesso	Esgotadas
Cuidar da saúde	Cuidando da família	Desconectadas
Relaxar	Utilizando meios digitais em excesso	Cansadas
Ter novas experiências	Comprando experiências que lhe trazem felicidade passageira	Desanimadas

Claramente, podemos ver que se trata de um ciclo que está adoecendo as pessoas. A busca incessante por ganhar mais faz com que elas tenham uma carga excessiva de trabalho e se sintam esgotadas. A maioria do que se ganha é destinada para arcar com o padrão de vida da família, muitas vezes não sobrando dinheiro para fazer reserva de emergência nem realizar projetos pessoais importantes.

Os momentos de lazer, que deveriam ser para recarregar as energias (relaxar, viver novas experiências), são substituídos por distrações, como assistir TV, filmes e séries, acessar redes sociais, ou seja, meios que contribuem fortemente para aflorar sentimentos negativos e baixar a energia, em função das notícias ruins e conteúdos que alimentam o desejo por experiências e produtos supérfluos para compensar o vazio interior.

Diante dessa reflexão, você deve estar se perguntando: "É possível me proteger de tudo isso, superar as dificuldades e conseguir realizar os meus objetivos?" Com certeza é possível, principalmente, a partir de agora, que você estará mais consciente e vigilante para não entrar ou permanecer nesse ciclo.

E o que precisa ser feito para ter objetivos e vida financeira em equilíbrio? Com base em meus estudos e nas minhas experiências pessoais e profissionais, compartilho aqui algumas lições que tive na vida e que poderão ajudá-lo(a).

1. Aquilo em que você foca cresce.

Para ter clareza sobre o que quer e para que quer, você precisa se conhecer.

O fundador da psicologia analítica, Carl Gustav Jung, dizia que "Quem olha para fora, sonha. Quem olha para dentro, desperta" (Bertrand, 2021, *on-line*). Essa frase nos lembra que, para realizar os nossos sonhos, é preciso olhar para nós mesmos e acordar. Quem só olha para fora, apenas vê os sonhos dos outros e não realiza os seus.

Se você não sabe quais são os seus principais objetivos e para que deseja alcançá-los, você está perdido(a) e será facilmente conduzido(a) para realizar os objetivos dos outros e não os seus. Tomar decisões voltadas somente para agradar alguém é extremamente pesado e contribui para a sua procrastinação. Foque em você!

- Invista no autoconhecimento: é fundamental ter clareza das suas prioridades.
- Tenha força de vontade: gaste a sua energia com o que é importante para a sua vida. Busque conhecimento, apoio e coloque-se em ação. Assim, você criará a sua própria história e não simplesmente repetirá a de pessoas com quem conviveu ao longo da vida.

2. Quando se gasta mais do que se ganha, não se espera um final feliz.

Quem não tem clareza dos seus objetivos, tende a gastar mais e a não ter uma vida próspera, pois age pelo desejo de agradar o outro ou ter aquilo que o outro tem.

Tem uma frase muito conhecida do Robert T. Kiyosaki, em seu livro *Pai rico, pai pobre*, que diz: "A maioria das pessoas não percebe que na vida o que importa não é quanto dinheiro você ganha, mas quanto dinheiro você conserva." (Kiyosaki, 2018). Ou seja, independente do quanto se ganha, se você gastar tudo o que tem ou mais, o que você terá no final das contas?

O descontrole financeiro está muito associado a se deixar levar pela forte pressão social do consumismo. As pessoas sentem que precisam ter um certo padrão de vida e *status* para serem aceitas e valorizadas. Com isso, passam a consumir mais do que precisam e a gastar mais do que podem.

Em alguns casos, as compras em excesso podem estar associadas a doenças psicossomáticas, causadas por problemas emocionais. As compras são feitas por impulso, apenas para satisfazer a um prazer imediato. Em seguida, vem um sentimento de tristeza e angústia, gerando um ciclo vicioso de prazer e luto.

Quando o consumo em excesso se torna recorrente, descontrolam as finanças e estimulam o endividamento. Liberte-se!

- <u>O sentimento de vazio deve ser acolhido:</u> evitar senti-lo por meio do excesso de trabalho, comida, compras ou qualquer coisa que lhe traga alívio imediato não resolve. O vazio é um espaço que está se abrindo para algo bom entrar, um sinal do seu sábio corpo de que você precisa estar mais presente.
- <u>Uma parte do que ganha pertence a você</u>: pague-se primeiro, conserve uma parte. Se você paga a todo mundo, menos para si mesmo(a), você está apenas trabalhando para os outros.
- <u>Não dá para ter tudo o que se quer, na hora em que se quer</u>: tenha prioridades, alinhe expectativa e realidade, controle os seus impulsos e os seus gastos. Aprenda a viver com menos do que pode e ajuste o seu padrão de vida. Não confunda despesas necessárias com desejos. Nós temos mais desejos do que podemos satisfazer, portanto, se não houver limite, gasta-se facilmente tudo o que se tem. É melhor ter objetivos menores e possíveis de alcançar, que lhe levarão a maiores objetivos quando estiver mais preparado(a), do que definir objetivos que lhe trarão custos além do que você consegue dar conta.
- <u>Planeje-se e organize-se</u>: quando se gasta sem pensar no futuro, geralmente se vive um presente abundante com a tendência de viver em um futuro escasso.

3. Não busque seus objetivos a qualquer custo.

Existe um custo para alcançarmos os nossos objetivos. Geralmente, é necessário investir tempo e dinheiro. Nem sempre será fácil!

A realidade é que muitos desejam chegar ao objetivo final, mas nem todos estão dispostos a fazer o que precisa ser feito para conseguir, e preferem meios mais "fáceis" para conseguir. Em contrapartida, também existem aqueles que estão dispostos a fazer tudo, sacrificam-se e muitas vezes não respeitam os seus limites. Ambos os casos buscam atingir os objetivos praticando o "custe o que custar". É importante alertar que nenhum dos dois caminhos é sustentável, o custo é alto!

- Tenha cuidado com os excessos, não apenas de gastos: se você tem uma vida financeira estável, mas anda se sentindo exausto(a), se consegue atingir os seus objetivos, mas não se sente feliz por conseguir, então provavelmente o seu esforço está sendo além do que você está dando conta.
- Observe os sinais do seu corpo e respeite os seus limites: o corpo é sábio e nos dá sinais. Preste atenção e faça os ajustes necessários, como reduzir o ritmo de trabalho, reorganizar a rotina e as prioridades, cuidar da saúde e outras ações voltadas para a sua qualidade de vida.
- Antes de se colocar em ação, avalie melhor os custos e os benefícios das lutas que irá enfrentar: se o custo for maior do que o benefício, isso claramente indica que é preciso rever tal objetivo ou adaptá-lo.

Exercício prático

Chegou a hora de fazermos um exercício. Pegue um papel e uma caneta e responda às seguintes perguntas.

- Quais são os seus principais objetivos?
- Para que deseja alcançá-los?
- Quando pretende realizá-los?
- Quanto isso vai lhe custar?
- O que está disposto(a) a fazer para conseguir?

Nada é mais confortante do que ter a sensação de missão cumprida, de estar fazendo o que é importante para a sua vida. Esse exercício ajudará você a alcançar aquilo que mais deseja.

Ter objetivos e vida financeira em equilíbrio exige-nos prudência, persistência e paciência. Comece agora mesmo a aplicar todas as lições aprendidas e tenha uma vida mais saudável e equilibrada. Com o tempo, você irá colher os frutos de suas boas escolhas. E lembre-se: busque apoio profissional sempre que precisar. Invista em você!

Para acessar mais conteúdos como esse, siga as minhas redes sociais.

(Referências ao final do livro.)

Ter objetivos e vida financeira em equilíbrio exige-nos prudência, persistência e paciência.

Nanda Abreu

NARJARA KNOD

Eu me chamo Narjara, moro no interior do Rio Grande do Sul, sou casada e mãe de duas crianças lindas. Possuo formação em Ciências Contábeis, pós-graduação em Gestão Estratégica de Negócios e em Gestão de Investimentos e Educação Financeira.

Sou proprietária de uma unidade da franquia *Health Money*, em que auxilio empresários nas rotinas financeiras de suas empresas, trazendo clareza e organização das finanças e estratégias para utilização dos recursos com inteligência e eficiência, com foco no aumento da lucratividade e alavancagem de negócios.

Meu desejo é levar a educação financeira ao máximo de pessoas possível, mostrando a importância da gestão do dinheiro e do consumo consciente e os frutos colhidos por meio de uma vida financeira sustentável.

narjara.knod@healthmoneygf.com.br

@HEALTHMONEY_PBI

25 VIDA FINANCEIRA SUSTENTÁVEL E EQUILIBRADA

Por Narjara Knod

Quando falamos em sustentabilidade, a primeira coisa que vem à nossa mente é a natureza. A sustentabilidade nada mais é do que um conjunto de ações realizadas no presente com o objetivo de preservar algo e usufruir de algum recurso por mais tempo.

Por muito tempo pensávamos que os recursos naturais eram infinitos, porém com o tempo fomos percebendo que a maneira como os recursos naturais eram manuseados/utilizados gerava mudanças e consequências no futuro, como muitos eventos climáticos que vivemos hoje. E com a intenção de reduzir estes impactos, foram criadas ações sustentáveis, a fim de preservar o meio ambiente e para que seus recursos pudessem ser utilizados por mais tempo.

Quando falamos em sustentabilidade financeira, estamos falando de viver uma vida com hábitos e escolhas diárias que nos auxiliem a utilizar nosso dinheiro de maneira estratégica para que consigamos suprir todas as nossas necessidades atuais, realizar nossos sonhos e desejos, e ainda preservar um futuro financeiro bem-sucedido, com conforto, tranquilidade e livre das dívidas.

Não pensamos que o nosso dinheiro é infinito, temos consciência de que conforme gastamos ele acaba, porém nós não costumamos pensar nas consequências futuras de utilizar esse recurso até o seu limite todos os meses, e lá no futuro veremos o impacto e as consequências dessa decisão.

Conforme vamos recebendo nosso salário, vamos gastando o nosso dinheiro e nos acostumando a um estilo de vida e, conforme nossa renda aumenta, vamos gastando mais, aumentando assim nosso padrão de consumo. Outro fator que influencia a mudança dos nossos gastos é o momento de vida que estamos vivendo, se somos solteiros, casados ou com filhos, cada momento de vida exige mudanças em nosso orçamento mensal.

É muito importante aproveitarmos nossa renda com o que gostamos e usufruirmos de certo conforto que o dinheiro pode nos proporcionar, porém é extremamente importante pensarmos no nosso futuro e incluí-lo no nosso planejamento financeiro mensal. É aí que entra a sustentabilidade financeira, com o intuito de nos fazer gastar de maneira mais consciente e eficiente com coisas que realmente fazem sentido para nós, sem eliminar aquele cafezinho ou a viagem em família, mas evitando gastos supérfluos e aproveitando nosso dinheiro no presente, porém reservando uma parte de nossa renda para o longo prazo, preservando assim um futuro com mais tranquilidade, conforto e realização de sonhos, mantendo o padrão de vida construído ao longo dos anos.

Quando você vive uma vida financeira sustentável, você tem mais previsibilidade e controle sobre suas finanças, e mais controle também sobre a sua situação econômica, tanto atual quanto futura, sabendo que terá recursos em algum momento de imprevistos, evitando o endividamento e mantendo um equilíbrio em seu orçamento.

Podemos comparar o processo da sustentabilidade financeira com o plantio de uma árvore com o objetivo de lhe trazer sombra: você planta a semente, e durante anos você precisa regar, proteger de insetos e de ações climáticas, para que ela possa ir crescendo de maneira saudável, e no futuro ela vai estar grande e você vai poder usufruir da sua sombra.

Para aplicar a sustentabilidade financeira em sua vida, você precisa repensar alguns hábitos, saber quais são seus valores inegociáveis e como você se vê futuramente. Ter metas é essencial para que você mantenha o foco e não desista no meio do caminho.

Para lhe ajudar nesse processo, eu trouxe os quatro pilares que regem a sustentabilidade financeira, os quais chamamos de 4 Gs.

- **Gerar:** um ponto muito importante que devemos entender é que nós não ganhamos dinheiro, nós geramos dinheiro. Trocamos nosso tempo e habilidades por um determinado valor, isso é gerar dinheiro. Ter uma fonte de renda é muito importante e buscar maneiras de aumentá-la nos ajudará a alcançar nossos objetivos antes do previsto.

- **Gastar:** gastar de maneira consciente e com o que realmente importa para você, evitando gastos supérfluos ou que vão lhe trazer apenas uma alegria momentânea, que não vão agregar nada à sua vida, evitando o consumo descontrolado e o endividamento desnecessário. Analise o que é necessidade e o que é desejo, e o custo-benefício do que você está comprando, para saber se esse gasto realmente vai suprir a sua necessidade. Planeje os gastos com antecedência, isso irá lhe dar prazo para pesquisar valores e promoções e garantir um preço mais justo pelo produto. Também é interessante que você tenha um planejamento para realizar compras necessárias fora do período normal, por exemplo, comprar material escolar durante o ano e não no início do ano letivo, ou até comprar presentes de Natal na metade do ano ao invés de no final.

- **Guardar:** ao receber nossas receitas, a primeira coisa que devemos fazer é reservar um valor para guardar. Seus sonhos devem ser prioridade. Você deve guardar com um objetivo em mente, pois guardar simplesmente por guardar não faz sentido e faz com que você gaste esse valor na primeira oportunidade que tiver, pois o dinheiro não está com um destino "carimbado".

- **Ganhar:** investir seu dinheiro com inteligência, pesquisando sobre produtos de investimentos rentáveis, que estão alinhados com seu perfil de investidor e com o prazo de realização dos seus objetivos irá fazer com que seu patrimônio se multiplique. Os investimentos são grandes aliados quando falamos em crescimento patrimonial. Como no exemplo do plantio da árvore, os investimentos comportam-se da mesma maneira: você aplica um valor inicial (semente) e cuida dele ao longo do tempo, fazendo novos aportes (regar), vai protegendo das oscilações do mercado financeiro e da economia (ações climáticas), para que um dia você possa usufruir de todo o patrimônio acumulado, mantendo o padrão de vida ao qual você está acostumado(a), usufruindo de uma vida confortável e tranquila.

Fonte: @user6702303/Freepik©.

Viver uma vida financeira sustentável e equilibrada pode não ser tão fácil no início, pois não estamos acostumados a gastar menos do que geramos, mas aplicando-a no dia a dia você verá os enormes benefícios que ela irá lhe proporcionar, trazendo mais clareza sobre sua situação financeira e lhe mostrando que você controla o seu dinheiro e não o contrário, e que gastando com coisas que fazem sentido e que estão alinhadas com seus sonhos e valores você se sentirá mais realizado.

Para aproveitar seu dinheiro de maneira mais eficiente e equilibrada, construindo uma vida sustentável no dia a dia, eu lhe trouxe algumas dicas que irão lhe ajudar nessa jornada.

- Anote tudo o que você ganha e o que você gasta, inclusive os pequenos gastos. Pode ser em aplicativo, sistema de gestão financeira, planilha ou até no caderninho. Isso lhe trará mais clareza sobre para onde está indo o seu dinheiro e você poderá analisar o que está consumindo a maior parte da sua renda.
- Analise cada despesa detalhadamente, assim você conseguirá ter uma visão do que é realmente essencial para você. Verifique o que pode ser cortado, substituído ou reduzido, para melhor utilização dos seus recursos.
- Faça um levantamento de todas as suas dívidas e elabore um plano de liquidação destas, de acordo com o risco atrelado a cada uma delas.
- Trace metas de curto, médio e longo prazo e estabeleça um valor a ser guardado para cada uma delas, de maneira separada. Assim, vendo o seu dinheiro crescer e percebendo que a cada dia você fica mais perto de realizar seus sonhos, você não desanima e mantém o foco.
- Tenha claro o que é importante para você e não se deixe influenciar por agentes externos. Nós somos resultado de uma construção social e gostamos de nos sentir parte de algo e aceitos pela sociedade, então muitas vezes acabamos gastando em coisas que não fazem o menor sentido em nossa vida e não agregam em nada, apenas por esse sentimento temporário de pertencimento. Você é único(a), seus sonhos são únicos, atenha-se ao que é importante para você.
- Invista em conhecimento sobre investimentos. Verifique os produtos de investimento oferecidos pela sua instituição financeira, analise a rentabilidade dos mesmos e qual está alinhado ao seu perfil de investidor,

à situação financeira, à possibilidade de aporte e aos prazos dos seus objetivos. Os investimentos irão aumentar o patrimônio que você vem construindo e lhe ajudarão a conquistar seus objetivos o quanto antes. Mas tome cuidado com promessas de altas rentabilidades em curtos períodos, analise a situação financeira e solidez da instituição que irá guardar seu dinheiro, para evitar que você caia em golpes e falsas promessas.

- Se possível, tenha mais de uma fonte de renda. A renda extra irá impulsionar seus investimentos.
- Faça ajustes no seu orçamento com o tempo. Cada vez que sua renda aumentar ou que seus objetivos mudarem, tire um tempo para rever seu planejamento e realizar as alterações necessárias.

Viver uma vida financeira sustentável é um ato de amor-próprio, pois quem tem suas finanças equilibradas e uma previsibilidade financeira vive mais tranquilo, sob menos estresse, realiza mais sonhos e tem uma melhor qualidade de vida.

Preserve sua qualidade de vida, preserve suas realizações no presente, preserve seu padrão de vida e, não se esqueça, preserve o seu futuro. Seja sustentável com a natureza, no seu estilo de vida, nas suas finanças. Pratique a sustentabilidade!

(Referências ao final do livro.)

Preserve sua qualidade de vida, preserve suas realizações no presente, preserve seu padrão de vida e, não se esqueça, preserve o seu futuro.

Narjara Knod

PAULA CERQUEIRA

Sou administradora hospitalar, especialista em finanças e em gestão empresarial, certificada *Green Belt Lean* Seis Sigma e empreteca[1]. Possuo mais de 20 anos de atuação profissional na área financeira de grandes empresas. No meio dessa trajetória, iniciei o processo de autoconhecimento e percebi o poder de conhecer a mim mesma, o quanto isso é poderoso para tomar decisões conscientes e o quanto é importante decidir na vida. São as nossas escolhas que nos direcionam. Ao vivenciar a forte relação do autoconhecimento com as finanças, iniciei minha segunda formação, em Psicologia, e redirecionei o meu trabalho, agregando ambos os conhecimentos. Atuo concebendo uma nova maneira de ver e fazer finanças, oportunizando a outras pessoas fazerem o mesmo. Em breve inaugurarei minha clínica especializada em psicologia financeira.

---

1 Empreteca (ou empreteco) é a pessoa que se capacita por meio do Seminário Empretec, metodologia desenvolvida pela ONU e que é reconhecida como o principal programa de formação de empreendedores do mundo.

paulacerqueira.financas

+55 (71) 98198-2691

https://www.linkedin.com/in/paulacerqueira-financas/

paulacerqueira.financas@gmail.com

@PAULACERQUEIRA.FINANCAS

26

A SAÚDE MENTAL E SUA INFLUÊNCIA NA SAÚDE FINANCEIRA

Por Paula Cerqueira

A saúde mental influencia a saúde financeira ou será a saúde financeira que influencia a saúde mental? Imagine uma pessoa com dificuldade em honrar suas despesas e controlar seus gastos ou, ainda, gastar sem planejamento. Possivelmente, ela viverá momentos de estresse e preocupação. Agora imagine alguém que vivencia a carga emocional (e seus efeitos) de algum transtorno mental, como ansiedade e depressão, tendo que lidar com suas finanças. Provavelmente, essa pessoa verá o orçamento como um obstáculo, o que poderá trazer consequências graves nas finanças. Respondendo individualmente as perguntas iniciais, facilmente dizemos sim para ambas, contudo é além disso. Saúde mental e saúde financeira estão estreitamente ligadas e uma tem forte influência na outra.

Veja: dados da *World Health Organization* divulgados em 2022 no relatório mundial sobre saúde mental confirmam essa perspectiva e alertam sobre a generalização das condições de saúde mental, em que uma em cada oito pessoas no mundo vive com algum tipo de transtorno mental. Quase um bilhão de pessoas fazem parte dessa estatística, sendo que 31% delas vivem ansiosas e 28,9% depressivas. O Brasil possui o maior número de pessoas ansiosas do mundo (18,6 milhões de brasileiros) e a maior predominância em pessoas que sofrem com depressão na América Latina, com 11,7 milhões de brasileiros. No *ranking* mundial, o Brasil é o quinto país mais depressivo.

Ainda segundo esse relatório, as desigualdades sociais e econômicas estão entre as ameaças estruturais globais à saúde mental. Além disso, os transtornos mentais são a principal causa de anos vividos com incapacidade, representando um em cada seis globalmente, o que gera forte impacto social e econômico e, dessa forma, fortalece um ciclo vicioso entre os problemas de saúde mental e saúde financeira.

E, qual seria a consequência disso? Diversas e cíclicas, se não cuidadas. Pessoas com dificuldades financeiras em maior risco de sofrer problemas de saúde mental enfrentam estresse, um dos maiores desencadeadores de doenças autoimunes e doenças psicossomáticas, que são problemas físicos causados por sofrimento emocional, além da diminuição das funções cognitivas (como perda de memória), ansiedade e depressão. Já as pessoas que convivem com algum transtorno mental, ao lidarem com suas finanças são mais propensas ao aumento dos gastos com saúde, perda na produtividade econômica, afastamento do trabalho, desemprego e total desinteresse na gestão financeira.

Até aqui foi possível compreendermos a interligação entre mente e dinheiro, sua representação no cenário mundial e brasileiro e, ainda, suas possíveis consequências, o que nos convida a elevar o olhar sobre as finanças para além da matemática, dos produtos, serviços e sistemas financeiros e a quebrar paradigmas sobre o cuidado à saúde mental. Daqui para frente, vamos entender como nos relacionar com o dinheiro envolve emoções e como isso pode interferir nas nossas finanças.

Lidar com dinheiro faz parte do dia a dia, da existência em sociedade. Ele é um instrumento para nossa subsistência e ampliação da vida. Na realidade, é mais que isso. Bonder (2010) o considera "[...] um valor simbólico único e por meio dele é possível radiografar nosso sistema de valorações [...]", isto é, obter um juízo crítico sobre o valor que damos a algo. O autor segue afirmando que "somos o que fazemos, somos o modo como reagimos, somos o que acreditamos, e nosso dinheiro é a extensão de tais escolhas".

Para fortalecer essa compreensão de que pensamentos, emoções e comportamentos partilham de um sistema de resposta, a Terapia Cognitivo-Comportamental (TCC), uma das abordagens da psicoterapia, traz como base dois princípios gerais: "nossas cognições têm influência controladora sobre nossas emoções e comportamentos; o modo como agimos ou nos comportamos pode afetar profundamente nossos padrões de pensamentos e de emoções" (Wright *et al.*, 2019). Isso quer dizer que nosso pensamento exerce controle sobre nossas emoções e comportamentos, como também o nosso comportamento afeta nossos pensamentos e emoções.

Suponha que você acabou de receber a fatura do cartão de crédito e percebeu o alto valor cobrado. Você se surpreende, mas logo pensa "compro porque eu mereço, trabalho muito", "vou viver o hoje porque amanhã não se sabe". Esses pensamentos, que traduzem a sua forma de pensar, mais as percepções e memórias, lhe trazem uma sensação de satisfação, felicidade por ter comprado, e você desejará repetir o mesmo comportamento para voltar a sentir as mesmas emoções. Quer dizer, comprará mais, mesmo que talvez volte a receber uma fatura alta. Observe que não é a situação que determina o que você sente, mas como você a interpreta. Cada vez que esse comportamento é repetido, ele afeta sua maneira de pensar e sentir.

Para uma compreensão ainda mais ampla, vamos conhecer a influência das emoções na relação com o dinheiro pelo olhar da neurociência.

Segundo a teoria do cérebro trino, do neurologista Paul McClean ([195-] *apud* Klontz; Klontz, 2011), o cérebro é formado por três sistemas interligados, que reagem de formas distintas, no entanto, coordenam suas respostas: o *cérebro reptiliano* tem como foco a ação de sobrevivência e concentra atenção nas ameaças; o *cérebro límbico* regula nossas emoções, motivações e mecanismos de memórias. Ele controla e libera hormônios que conduzirão nossos comportamentos; e o neocórtex é a parte analítica do cérebro, da consciência. Ele é responsável pela organização, planejamento e controle de comportamentos, contudo, em momentos de estresse, facilmente é dominado pelos dois anteriores. Os cérebros *reptiliano* e *límbico* costumam trabalhar juntos, processando memórias e sentimentos. Em seguida, o *neocórtex* desenvolve narrativas para explicar o que está acontecendo e toma decisões sobre o que fazer.

Veja que, diante de uma situação, primeiro o cérebro processa as memórias, os sentimentos e as narrativas racionais para explicar o que está acontecendo (avaliação cognitiva), depois comanda o comportamento a ser executado (o comportamento é consequência). Quando ocorre de os sentimentos serem intensos, no caso de ansiedade, por exemplo, o comportamento é acionado impulsivamente, isto é, reagindo às emoções.

No momento em que estamos bastantes estressados com as finanças, tomamos decisões baseadas em nossas emoções, no lugar de usarmos a razão. Isso, segundo Klontz e Klontz (2011), pode ser perigoso, porque pode levar a comportamentos irracionais e de autodefesa, motivos que estão por trás de crises econômicas. Os autores elencam algumas maneiras de como reagimos ao estresse financeiro: a. evitamos assumir responsabilidade pessoal por nossos problemas financeiros e culpamos os outros (banco, governo, alguém que nos deu conselhos equivocados sobre finanças); b. tentamos ficar o mais distante possível do estresse e nos distanciamos de nossas finanças; c. Sentimo-nos tão mal que não conseguimos tomar atitude alguma e entramos em um processo de negação do problema, muitas vezes até algo muito grave acontecer em nossa vida financeira.

Não há como evitarmos sentir emoções e, como vimos, elas se manifestam na nossa relação com o dinheiro. Exploramos o seu poder de influência no comportamento e na vida financeira e como tais emoções podem gerar diversos tipos de problemas, como decisões financeiras equivocadas e atitudes de autodefesa. Existem ainda os problemas financeiros relacionais, atrelados aos relacionamentos com os outros e às emoções conectadas a essas relações, porém trataremos disso em outra oportunidade.

Questões emocionais não (ou mal) resolvidas, pensamentos enraizados e comportamentos negativos podem representar obstáculos à mudança, caso não recebam a devida atenção e cuidado. Apesar da nossa tendência de evitar lembranças dolorosas, os efeitos destas sobre a vida persistem até enfrentarmos o assunto e aprendermos a lidar com elas (Klontz; Klontz, 2011).

As emoções são como bússolas comportamentais, e o autoconhecimento é um guia que nos dá a direção. Quer dizer, as emoções orientam nossos comportamentos, funcionando como um importante sinalizador, e o autoconhecimento nos direciona para uma compreensão mais profunda de nós mesmos, permitindo-nos tomar decisões financeiras mais conscientes e alinhadas com nossa essência e nossas aspirações.

Finalizo convidando você, leitor(a), a mergulhar em si com a célebre frase de Albert Einstein: "Nenhum problema pode ser resolvido pelo mesmo estado de consciência que o criou" (Einstein..., 2005, *on-line*).

Esse tema será mais bem aprofundado em artigo científico a ser publicado em breve. Acompanhe minhas redes sociais.

Cuide de sua saúde emocional.

Concentre-se no presente. Dê um tempo no ato de ruminar sobre seu passado e preocupar-se com o futuro. Movimente-se. Exercícios físicos regulares melhoram seu humor, clareiam a mente e lhe trazem energia para enfrentar os problemas. Consuma conteúdo que lhe faça bem. Passe mais tempo refletindo sobre aspectos positivos na sua vida. Aceite o que não pode mudar e concentre-se em melhorar as condições que estão sob seu controle. Abrace a oportunidade de crescimento pessoal ao falhar. Perdoe a si mesmo(a) pelos próprios erros, saiba reconhecer sinais de que talvez precise de apoio e busque-o.

Cuide de sua saúde financeira.

A boa gestão financeira começa dentro de você! Observe as motivações, valores, crenças, emoções associadas ao dinheiro, identificando padrões que influenciam suas decisões financeiras. Gerencie suas emoções (ver dicas anteriores) e busque melhorar seu comportamento financeiro. Eduque-se financeiramente e revise regularmente suas finanças, adaptando seu plano conforme as circunstâncias atuais e seus objetivos de vida, sempre que necessário.

(Referências ao final do livro.)

As emoções são como bússolas comportamentais, e o autoconhecimento é um guia que nos dá a direção.

Paula Cerqueira

RAFAELA NOGUEIRA

Sou Rafaela Nogueira, nascida em Curitiba/PR em 15 de novembro de 1982, criada em Siqueira Campos, norte pioneiro do Paraná, e vivo em Maringá/PR há 10 anos. Sou formada em Administração de Empresas, especialista em finanças, em gestão empresarial, em docência para educação a distância e em finanças pessoais, com 23 anos de experiência. Sou apaixonada por finanças, e foi essa paixão que me levou a fazer transição de carreira e, hoje, ser educadora e consultora financeira.

Com mais de 10.000 horas de trabalho entre atendimentos individuais, palestras e treinamentos, ajudo empreendedores a cuidarem melhor do seu dinheiro, mostrando a importância de se entender o que é o dinheiro pessoal e o do negócio.

rafah_nogueira

+55 (43) 99665-7380

rafa.silvanogueira@gmail.com

DNA FINANCEIRO

27

O ALINHAMENTO DE VALORES PESSOAIS E METAS FINANCEIRAS

Por Rafaela Nogueira

Quero começar este capítulo dizendo que ele não é apenas sobre dinheiro, e sim sobre como melhorar a sua vida. Mais do que pensar em habilidades técnicas, é preciso ter clareza de aonde você deseja chegar.

Deixe-me contar um estudo de caso que pode fazer você se sentir melhor na forma como se relaciona com o dinheiro.

Em um atendimento de finanças pessoais, percebi que minha cliente estava em um estágio de compras compulsivas, isso aconteceu pela dificuldade que ela possuía de identificar suas necessidades, as compras eram usadas para minimizar os efeitos das emoções. Assim, o descontrole financeiro chegou de forma devastadora e, mesmo ela tendo uma entrada financeira considerável, os problemas continuavam.

A primeira coisa que alguém com problemas financeiros busca é conseguir mais dinheiro e, muitas vezes, de forma rápida, o que leva muitos a um maior endividamento. Digo, sem medo de errar, que problema financeiro não se resolve com dinheiro. Aí você pode se perguntar nesse momento: como que não é com dinheiro? E a resposta é: mudança de comportamentos, saber como se relacionar com o dinheiro e controlar as emoções. Ao iniciar a mudança, será possível identificar quais são seus valores pessoais, o que deseja ser, como deseja viver e como a sua forma de ser e agir impactam nas suas decisões de compra.

Parece contraintuitivo pensar que são os comportamentos e as emoções que ditam a saúde financeira, muito mais do que habilidades técnicas e inteligência, mas o sucesso financeiro está totalmente associado aos comportamentos. Anteriormente citei um estudo de caso, e foi entendendo essa lógica que minha cliente colocou nos trilhos suas finanças pessoais.

E, se ela conseguiu, tenho certeza de que você também conseguirá.

Quando pensamos na melhor forma de lidar com o dinheiro, a definição de metas pessoais é a última coisa em que a maioria das pessoas pensam. Isso acontece pela dificuldade de definir objetivos, por não ter sonhos ou por acreditar que os sonhos são impossíveis de se realizar e, principalmente, por não saber quais são os valores pessoais que regem a sua vida.

Antes de seguir a leitura, pegue um papel e uma caneta e pense, por alguns minutos, quais são os seus valores pessoais e se está respeitando tais valores no momento de tomada de decisão de compra.

Vamos pensar em alguns exemplos: educação, saúde, lazer, família, segurança, liberdade, caridade... Sabendo os seus valores pessoais, será mais fácil trilhar o caminho da sua vida, e não apenas os caminhos do dinheiro. Em algum momento você já pensou como quer estar e como quer ser lembrado(a) daqui 5, 10, 15, 20 anos? Se ainda não, hoje é o momento ideal para pensar sobre isso.

Para ajudá-lo(a) a alinhar seus valores e suas metas financeiras, segue um passo a passo.

1. Crie uma lista com tudo o que deseja conquistar, os sonhos a realizar etc.

2. Busque por imagens que representem como você deseja ser, onde quer estar, com quais pessoas e lugares etc. As imagens devem conter detalhes do que você deseja. Exemplo: se for uma viagem, defina o local, se estará sozinho(a), se vai com amigos ou com a família, quais os passeios quer fazer, tudo que pensa sobre essa realização e conquista.

3. Imagine-se vivendo esses momentos, crie na sua mente os seus sonhos sendo realizados e os sentimentos ao perceber que os conquistou.

Esse exercício chamamos de mural ou mapa dos sonhos. Tudo o que podemos criar em nossa mente, podemos também fazer acontecer no plano físico, mas aqui temos um detalhe muito importante: se você apenas deixar seus sonhos na sua mente e não buscar realizar as mudanças de comportamentos nem identificar seus valores pessoais, é provável que continue fazendo as mesmas escolhas que estão hoje afastando as possibilidades de uma vida próspera e abundante.

No livro *A psicologia do dinheiro*, de Dan Ariely e Jessy Kreisler, os autores afirmam que temos que aplicar nosso dinheiro onde nossa mente está e pontuam que precisamos estar conscientes e, com isso, desenvolver passos concretos para alcançar a mudança necessária. Assim, reforço a necessidade de trazer à consciência, com a realização do mural/mapa dos sonhos, aquilo que deseja conquistar. Feito isso, a próxima etapa é criar as condições para que a realização de suas metas e seus sonhos aconteça no plano físico.

Falar em mudança parece fácil, mas não é, e quando envolve dinheiro acaba ficando um pouco mais difícil. Dessa forma, para que você consiga ter seus valores pessoais e suas metas financeiras alinhadas, é preciso começar com pequenas mudanças, e elas devem acontecer no ambiente em que você vive, pois é nele que você vai perceber se seus comportamentos e suas emoções estão impactando na sua decisão de compra.

Temos acesso a tudo de forma rápida e, muitas vezes, a um clique, isso permite que nossas vontades e nossos desejos sejam atendidos de forma rápida ou até mesmo imediata. No entanto, antes de realizar uma compra, você avalia se é realmente necessário adquirir o produto ou serviço naquele momento, se essa compra está alinhada com seus valores pessoais e, ainda, se a sua tomada de decisão de compra o(a) aproxima ou o(a) afasta do que deseja construir? Essas questões vão ajudá-lo(a) na construção de suas metas financeiras.

Muitas pessoas acreditam que, se antes de fazer uma compra precisam pensar, vão acabar não podendo fazer nada, mas não é desse jeito que acontece. Nossas compras não serão apenas as de suma importância, aquelas que não podemos ficar sem, mas, para que as demais (que são para satisfazer as vontades e desejos) aconteçam, é preciso ter metas financeiras, que contribuirão para que a conquista seja prazerosa e não traga preocupações.

Mais uma vez pedirei a você para fazer uma pausa na leitura e pensar sobre o que já deixou de fazer por achar que não tinha dinheiro e, no entanto, acabou gastando da mesma forma com coisas que usou pouco ou até mesmo não usou. A reflexão aqui vai mostrar que não é a falta de dinheiro que o(a) impede, mas sim a falta de conhecer seus valores pessoais e ter metas definidas.

Pense na seguinte situação: você deseja fazer uma viagem e tem como valor pessoal o lazer.

Situação 1: você acha que a viagem será possível apenas se fizer uma dívida, nesse caso você compra a viagem para pagar depois. Ao retornar, começam as suas preocupações e você pode também ter um arrependimento, então perceberá que, por mais que o lazer seja algo importante, não poderia ter tomado a decisão de fazer a viagem.

Situação 2: você reconhece que o lazer é um valor pessoal importante, mas não o prioriza e, com isso, sua vontade de conhecer novos lugares e culturas vai diminuindo e você começa a acreditar que é apenas um sonho e que jamais conseguirá realizá-lo.

Situação 3: seu desejo de realizar a viagem é tão grande que você começa a criar as possibilidades para que isso aconteça. Aqui não é apenas um desejo, uma vontade, não fica só no pensamento, as ações concretas para a realização ganham forma e metas a serem alcançadas.

Olhando para as três situações colocadas, hoje, em qual delas você se encaixa? Responda com sinceridade, pois reconhecer como agimos é o primeiro passo para a conquista de maiores e melhores resultados, que vão impactar sua vida como um todo.

Agora que você entendeu o que são os valores pessoais no uso do dinheiro, como eles interferem positiva ou negativamente na tomada de decisão e que percebeu que as metas financeiras devem estar alinhadas a esses valores, chegou o momento de você pensar em como o seu dinheiro vai ajudá-lo(a) na conquista de cada um dos seus objetivos.

Retome a lista de desejos que você criou e comece a desenvolver seu plano de ação, faça isso para cada objetivo de forma separada, colocando prioridades e prazos para que aconteçam. Para o prazo, defina se será curto (1 a 2 anos), médio (3 a 5 anos) ou longo (acima de 5 anos), já para a prioridade, defina se será baixa, média ou alta.

Preste bastante atenção ao fazer essa separação. Se tudo tiver o mesmo nível de prioridade e de tempo para se realizar, é possível que nada seja realmente importante e que seus valores pessoais não estejam totalmente claros para você. Se isso acontecer, volte à pequena lista de exemplos de valores pessoais e reavalie o que é importante para a sua vida, só assim seus sonhos e desejos serão alcançados.

Lembre-se sempre: só é possível conseguir realizar um bom uso do dinheiro se você se conhecer, definir metas e tiver disciplina e determinação.

Vamos a uma reflexão: anteriormente falei que seria necessário pensar em como seu dinheiro vai ajudá-lo(a) para a conquista dos objetivos, e aqui vem um questionamento extremamente relevante: a sua renda hoje será suficiente para ter uma vida financeira saudável e, ainda assim, cumprir as metas que serão estabelecidas?

Se sua resposta foi não, faça uma avaliação do que pode ser melhorado, modificado na sua vida financeira. Se tiver família, converse com todos e, juntos, busquem alternativas. Se você tem filhos, inclua as crianças e adolescentes no processo, com todos sabendo o que está acontecendo, assim cumprir as metas será mais fácil, agradável e até divertido.

Fomos criados para termos uma vida próspera e abundante. Se em algum momento você chegou a pensar que isso é apenas para os outros e não para você, quero que grave na sua mente e também no seu coração que você e sua família são sim merecedores de toda a benção e abundância que nosso Deus tem para nós.

Confie e terá prosperidade e abundância, não apenas em quantidade de dinheiro, pois este é apenas uma ferramenta para que você tenha bons momentos com a família e, consequentemente, uma vida equilibrada, aproveitando o que há de melhor com as pessoas que ama.

Para finalizar, quero fazer um pedido: após a finalização da leitura, gostaria muito de saber se você conseguiu definir as suas metas e reconhecer seus valores pessoais. Ficarei feliz em receber a sua mensagem pelo *direct* no Instagram ou pelo contato do WhatsApp, que está disponível no início deste capítulo, compartilhando a sua experiência e as dificuldades que pode ter encontrado.

Espere e confie no Senhor. Não importa o que está passando nesse momento, Ele tem o melhor para você e sua família.

(Referências ao final do livro.)

Problemas financeiros se resolvem com mudança de comportamento e, principalmente, com definição dos seus valores pessoais e metas financeiras.

Rafaela Nogueira

SAMARA MOREIRA

Sou Samara Moreira, natural de São Paulo/SP, e resido em Piracicaba/SP com meu esposo Danilo Moreira, com quem sou casada há 7 anos.

Eu me formei em Ciências Contábeis e, em 2021, especializei-me como educadora financeira, na área de organização financeira e dívidas.

Após 10 anos atuando no mercado de trabalho, fiz minha transição de carreira para me dedicar a ensinar pessoas a cuidarem e multiplicarem seu dinheiro, e hoje sou mentora de dezenas de alunos pelo Brasil.

Sou apaixonada por educação financeira e acredito no poder de transformação que esse conhecimento faz na vida financeira de milhares de famílias. Mostrar esse caminho às pessoas tornou-se uma das minhas missões de vida.

samara.financas

+55 (11) 93246-2363

Samara Moreira

samara@eusendomelhor.com.br

DNA FINANCEIRO

28 COMO CRIAR E ATINGIR METAS FINANCEIRAS SMART

Por Samara Moreira

Cada pessoa tem uma rotina distinta, mas algo em comum em todas elas são os muitos afazeres e compromissos. São tantas prioridades que dedicar um tempo para sonhar com metas financeiras pode cair no esquecimento. Ou ainda, ao estar em uma situação financeira delicada, na qual o dinheiro não é o suficiente nem mesmo para as despesas do dia a dia, você pode acreditar que alguns sonhos são inalcançáveis.

Dependendo de como estão as suas finanças, o sonho da casa própria, do carro novo, do intercâmbio ou, até mesmo, daquela viagem de férias pode parecer muito distante da sua realidade.

E, mesmo que você esteja em uma situação financeira equilibrada e tenha capacidade para atingir seus objetivos, pode sentir que precisa de um direcionamento para dar o primeiro passo para conquistar seus sonhos de forma prática e efetiva.

A verdade é que, se você deixa seus sonhos apenas na imaginação, eles não acontecerão. Se quer aprender a tirar os seus planos do papel, posso lhe afirmar que ainda é possível, porque um sonho só fracassa quando você desiste dele.

A partir do momento em que comecei a planejar meus sonhos com uma metodologia, percebi que, além de conquistar mais objetivos, também realizei os mais significativos para mim. Portanto, neste capítulo vou lhe ensinar esse método para planejar as suas metas financeiras de forma efetiva, para que de uma vez por todas você comece a atingir seus maiores objetivos. Vamos falar sobre o método SMART.

O que é o método SMART?

Primeiramente, é importante que você compreenda a origem do termo. Smart é um termo em inglês que, traduzindo para o português, significa inteligente. No método, a palavra *smart*, além de ser um trocadilho com o seu significado, também é um acróstico para os termos em inglês: *specific, measurable, attainable, relevant* e *time-based*.

Cada letra da palavra *smart* corresponde a um critério que uma meta SMART deve ter. Caso contrário, esse objetivo não poderia ser considerado uma meta, ele seria considerado apenas um desejo indefinido.

Definir muito bem sua meta é essencial para estipular o caminho a ser seguido. Criar uma meta SMART consiste em descrever detalhes e pontos importantes do seu objetivo, para assim ter a clareza de qual caminho ou ação deve tomar para alcançá-lo.

Como já escreveu Lewis Carroll em *Alice no País das Maravilhas*: "Para quem não sabe para onde vai, qualquer caminho serve." (Jaccoud, 2011, *on-line*).

Sem definir uma meta, torna-se difícil acompanhar o progresso desta. E, para facilitar a transformação de um desejo indefinido em uma meta inteligente, o método SMART exige cinco critérios principais.

Os cinco critérios do método SMART

Transformar um sonho em uma meta é um passo a passo simples, mas que de maneira alguma deve ser subestimado. Por isso, aconselho você a seguir os próximos passos escrevendo suas metas à medida que vou apresentando os critérios.

Não confie apenas no seu pensamento, escolha uma forma para anotar suas metas que depois facilite a consulta ou alteração, se necessário. Para escrevê-las, você pode utilizar um caderno, bloco de anotações, aplicativo de celular ou outro meio de fácil registro. Após a escolha da anotação, analise se seu objetivo possui cada um dos critérios a seguir.

S – Specific (Específica)

Especificar seu sonho é o primeiro critério que você precisa colocar em prática ao criar uma meta. Evite criar objetivos vagos, como apenas "ter minha casa". Ao invés disso, tente definir a maior quantidade de características desse objetivo, como cor, modelo, tamanho e local.

Alguns exemplos de como sua meta pode ser específica: uma casa cujo quarto tenha vista para o mar e que seja próxima do meu trabalho; um carro ano 2023 na cor prata, de modelo popular, com baixo custo de manutenção; fazer uma viagem de férias com a família para o litoral norte do meu estado. Dessa forma, os critérios seguintes serão mais claros para se definir.

M – Measurable (Mensurável)

Tornar algo mensurável é conseguir determinar uma medida. Neste segundo critério, é necessário que você consiga medir qual é o ponto de chegada da sua meta. Na maioria das metas financeiras, essa medida pode ser o preço financeiro do bem, ou seja, quando eu alcanço um determinado valor em dinheiro para adquirir aquele item.

Para adquirir uma casa, um carro, uma viagem ou outra meta com um preço que pode ser definido, a sua medida será simplesmente descobrir a quantia de dinheiro necessária ou aproximada para comprá-lo. Mas, essa medida pode variar conforme a sua meta. Por exemplo: se o seu objetivo é perder peso, você pode estipular uma medida de perda em quilos. Já para aprender a falar francês, sua medida de conquista pode ser manter uma conversa em francês por 30 minutos. Portanto, sua missão é descrever qual é o ponto de chegada da sua meta, para assim medir gradualmente a que distância você está da sua meta final.

A – Attainable (Atingível)

Neste terceiro critério, você irá analisar se a sua meta é atingível, levando em consideração os demais critérios que vai definir. Em poucas palavras, você deve se perguntar: essa meta é realista?

Eu sempre digo que "todo sonho é possível desde que seja planejado de forma inteligente". Porém, desejar algo muito distante do seu contexto ou de se obter com os seus recursos atuais pode tornar a conquista dessa meta improvável dentro do prazo desejado.

Desejar um milhão de reais em um ano, quando se ganha apenas um salário-mínimo, não é nada realista. Porém, se você aumenta esse prazo e busca formas de aumentar sua renda mensal, essa meta vai se tornando mais próxima da sua realidade.

Com esse terceiro critério, você terá novas ideias de ações e alterações necessárias durante o percurso para atingir as metas que antes pareciam impossíveis. Anote todas as ideias e ações que precisa executar para conseguir atingir seu objetivo final.

R – Relevant (Relevante)

Um dos critérios que considero mais importante do método SMART é a definição de relevância da sua meta. Neste passo, você precisa esclarecer o seu motivo para atingir cada meta.

Ao definir a relevância de uma meta, você determinará também a ordem de importância. E, todas as decisões da sua rotina, principalmente as decisões financeiras, serão tomadas com maior consciência, levando em consideração se aquela decisão deixa você mais próximo ou distante do seu objetivo principal.

Podem acontecer momentos em que você vai querer desistir, principalmente ao alinhar as metas que exigem um valor financeiro maior. Por isso, você precisa criar um motivo que o(a) lembre, mesmo nos dias difíceis, de que é necessário cumprir suas ações definidas. Responda: qual a razão que não me fará desistir?

Um dos maiores motivos de eu querer ter meu carro próprio era para não depender mais de transporte público ou de aplicativos de corrida, então listei os fatores que me incomodavam negativamente para que, toda vez que pensasse em desviar da minha meta, recordasse do que escrevi para voltar à rota.

Quando sua meta não é relevante, é muito fácil gastar o seu dinheiro com itens desnecessários. Mas, a partir do momento que você define todos os pontos pelo qual aquela meta é importante para você, além de ter decisões financeiras mais firmes, você também aprenderá quando é o momento de abdicar de algum sonho.

Por isso, também é importante alinhar suas metas das mais importantes para as menos importantes. Dessa forma terá clareza se uma ação do seu dia a dia está em divergência com seu objetivo, como alguém que possui a meta de juntar 10 mil reais e durante o mês gasta 50% da renda com fast-food.

T – Time-based (Temporal)

Qual é o seu prazo para atingir essa meta? Esse último critério fechará as lacunas que faltavam para ter uma meta SMART.

Estipular uma data é de extrema importância para definir outras pequenas metas até o prazo final. Ao estabelecer uma data limite e uma forma de mensurar, você poderá comparar se, ao chegar na metade do prazo, alcançou metade do seu objetivo.

Em uma meta com valor financeiro, esse cálculo fica muito simples. Se definir que, para alcançar sua meta, você precisa obter um valor de 10 mil reais em um ano, consequentemente, na metade desse período é esperado que tenha alcançado metade do valor, ou seja, 5 mil reais em seis meses.

E essas pequenas metas podem se tornar metas mensais, semanais ou até mesmo diárias. Você pode, por exemplo, pensar em juntar 10 mil reais em um ano ou quebrar essa meta em um prazo menor, como 27 reais ao dia. O prazo o(a) ajudará a definir com maior precisão se sua meta possui um critério atingível. Ao analisar uma meta diária, você perceberá se é possível ou não guardar 27 reais ao dia para ter 10 mil reais ao longo de um ano.

Nesses cálculos, não considerei a rentabilidade caso você aloque os valores em algum tipo de investimento específico. Dessa forma, mesmo que não entenda de investimentos, você conseguirá planejar seu objetivo de forma simplificada. Entretanto, a partir do momento em que você possui conhecimento sobre investimentos, esses prazos e valores podem ser reduzidos com a ajuda dos juros obtidos ao investir.

Seu desafio de agora em diante

Se até aqui você colocou em prática o que ensino neste capítulo, já deve ter a clareza de que algumas metas se tornaram mais simples de alcançar do que você imaginava, e que outras precisarão de mais ações para serem atingidas. Lembre-se de que você não precisa colocar todas as ações em prática de uma única vez.

Você acabou de aprender sobre um método que tem o poder de mudar a sua vida e ajudá-lo(a) a alcançar seus maiores objetivos. Agora, desafio você a tomar a decisão de aplicar esse método com cinco dos seus principais desejos. Criar um bom hábito leva tempo, portanto execute pequenas ações de forma consistente. Pouco a pouco, criar metas financeiras SMART, além de se tornar um hábito rotineiro, será prazeroso por você estar conquistando seus sonhos um a um. Acredite!

(Referências ao final do livro.)

"

Todo sonho é possível, desde que seja planejado de forma inteligente.

Samara Moreira

"

SIMONE NAGEL

Sou Simone Nagel, natural de uma pequena cidade do Rio Grande do Sul, chamada Crissiumal. Tenho formação em Administração, em Ciências Econômicas e sou especialista em finanças pessoais e empresariais. Atuo como corretora de imóveis e tenho nas veias o empreendedorismo. Percebendo a necessidade de aprender mais sobre finanças, busquei especializações. O mundo das finanças trouxe nova perspectiva de vida para mim e um olhar totalmente diferente sobre as coisas. Por meio do conhecimento mudei minha vida. Superei desafios e percebi quão grandiosa é a ferramenta do saber. Com isso, ajudar pessoas e empresas, transformar vidas e realizar sonhos tornou-se o meu propósito.

simoneconsultoria_

Simone Elisa Capinos Nagel

simonenagelconsultora@gmail.com

DNA FINANCEIRO

29 OS HÁBITOS COMO CHAVE PARA RESULTADOS FINANCEIROS

Por Simone Nagel

Hábitos são a chave para os resultados. Sim. Simples assim. Começo com essa afirmação, que é a base para este capítulo. Independentemente de quais forem os seus hábitos, serão eles que o(a) levarão para algum lugar, para aquele lugar que você escolheu. Isso pode acontecer conscientemente ou inconscientemente. A partir das suas atitudes diárias, escolhas, caminhos, você alcançará algo.

Hábitos podem ser construídos, criados e mudados. Podem, também, já estar na sua vida, ter vindo de muito tempo e, sem você perceber, estão guiando seus passos e seu destino. Um hábito pode desencadear resultados bons e ruins e, dependendo do seu interesse, pode ser sim transformado e trazer resultados diferentes.

Diante disso, é perceptível que somos resultados de nossas escolhas, e eu, você, quem somos hoje é resultado do caminho que trilhamos até chegarmos aqui e dos hábitos que alimentamos ao longo do tempo. Ao entrarmos no mérito em questão (as finanças), da mesma forma, nossa vida financeira é resultado dos hábitos financeiros mantidos ao longo dos anos, aprendidos e seguidos. Esses hábitos vieram de algum lugar. Eu, você, seu amigo, seu tio, seus pais, seguimos um estilo de vida financeiro e aprendemos a viver nesse estilo. Este nos guia todos os dias e nos leva para a obtenção de algum resultado. Quando percebemos a importância dessa colocação, ela faz toda a diferença em nossa vida.

Por tudo isso, veja a importância dos nossos hábitos. É a partir deles que poderemos ter resultados positivos ou negativos. Ao escolher, por exemplo, ao receber o salário, correr para o supermercado para fazer compras sem nenhum planejamento, sem organizar o orçamento, sem prioridades, corremos o risco de cometermos um dano bastante grande nas nossas finanças e realizarmos gastos desnecessários e supérfluos. Por meio desse hábito, pode ser destinada grande parte do orçamento para coisas que não nos são tão importantes e, por outro lado, podemos deixar de gastar ou investir em algo de grande importância.

Esse hábito descrito pode ocorrer todos os meses e também todos os anos. Esse é o ponto: o hábito de fazer algo sem planejamento, repetidamente, e isso refletir em nossa vida significativamente. Moldar nossos hábitos financeiros a nosso favor e a favor dos nossos objetivos é crucial para obtermos resultados. É o mesmo que acontece ao mudarmos os hábitos alimentares. Não é apenas uma dieta que vai trazer resultados duradouros, mas sim hábitos alimentares criados e mantidos por toda a vida. Como você se relaciona com o seu dinheiro? Com seu cartão de crédito? Com o pagamento das suas contas e parcelamentos? Você usa cheque especial? Parcela muito no cartão de crédito e faz também reparcelamentos ao não conseguir pagar a fatura integral? Saiba que isso é um hábito. Você pode até acreditar que isso é algo normal e deixar acontecer de vez em quando, mas o que você precisa entender é que ali se formam "ralos financeiros" e que o seu dinheiro desaparece de forma rápida, por meio de altos juros pagos e da falta de organização financeira.

Ao deixar esses episódios acontecerem, você está jogando fora um dinheiro importante, que pode fazer grande diferença no seu futuro. Pense sempre no longo prazo. Se, a cada mês, você pagar juros no valor de R$ 100,00, em um ano você terá pago R$ 1.200,00. Em cinco anos serão 6 mil reais, isso sem levar em conta que, se você investir esse dinheiro (esses mesmos R$ 100,00) todos os meses, por cinco anos, a uma taxa média de 10% ao ano, ao final você terá aproximadamente 8 mil reais. Não despreze os pequenos valores do seu orçamento, pois eles, unidos, mês a mês se tornam grandes valores. Calcule sempre o valor vezes 12, que é referente ao ano, em todos os planos de assinatura, mensalidades, parcelamentos, compras, e avalie se realmente se trata de um bom investimento ou se pode ser substituído por outro de menor valor. Veja se é realmente algo importante para você.

Uma aluna minha, ao fazer sua revisão de gastos do cartão de crédito, encontrou parcelas de jogos que contratou para seu filho, no valor de R$ 50,00. Esse valor, em um ano, somaria R$ 600,00, um alto valor para ser jogado fora – e teria sido jogado, se não fosse feita a análise. A falta de organização financeira traz grandes perdas, que muitas vezes não são percebidas. Ao não termos o hábito de anotar os gastos, revisar, planejar, acompanhar as faturas de cartão de crédito e os compromissos financeiros, corremos o risco de perder muito dinheiro, apenas por desconhecimento da importância desse hábito. Esse tempo dedicado para esse acompanhamento é primordial para a obtenção de resultados financeiros positivos.

O hábito de anotar os seus gastos trará uma percepção do cenário em que você vive, qual seu custo de vida e de cada categoria de despesas. Inicie seu processo de organização financeira anotando seus gastos. Anote em um caderninho ou em um grupo de WhatsApp criado somente com você, ache uma forma que você ache mais prática. Como segundo passo, some os valores, separando por categorias de gastos (alimentação, moradia, transporte, educação lazer etc.), e então faça uma separação do seu orçamento em três partes – gastos essenciais, estilo de vida e investimentos – e destine para cada uma dessas partes 50%, 30% e 20%, respectivamente.

Os gastos essenciais serão aqueles sem os quais você e sua família não podem viver. Por exemplo: moradia, alimentação e transporte. Após, na segunda categoria você colocará as coisas que você e sua família fazem como opções de lazer. Por exemplo: passeios, refeições fora de casa, planos de assinaturas *streaming* e academia. Em seguida, a terceira parte será para a criação da sua reserva financeira, a conhecida reserva de emergência ou reserva do sossego. Ali pode ser criada a sua reserva de oportunidade e você pode destinar valores para suas metas, "metinhas" e "metonas". Muito importante também é você separar parte desses 20% para construir a sua liberdade financeira, que pode ser revertida em uma posterior aposentadoria. Defina um limite de gastos para cada categoria, de forma que ele entre no seu orçamento.

Esse hábito de anotar seus gastos deve ser mantido diariamente. Uma vez por semana, passe os valores para uma planilha de controle, um caderno ou aplicativo. Torne esse processo uma rotina, definindo um dia da semana e alguns minutos para fazê-la. Tal processo pode ser feito inclusive em família. São alguns minutos que farão grande diferença ao longo do tempo. O hábito de monitorar seus gastos fará você ter uma visão diferente dos seus hábitos de consumo e valorizar mais o seu dinheiro, então perceberá quão importante é saber gastar, colocar o dinheiro no que é mais importante. Aos poucos, aprenderá a planejar os seus gastos, a criar metas, a destinar seu dinheiro para coisas que realmente fazem diferença na sua vida, no lugar de realizar compras impensadas e sem planejamento. No livro *O homem mais rico da Babilônia* (2013), de George S. Clason, lemos: "Louco! Você paga a todo mundo, menos a si mesmo. Idiota, está trabalhando para os outros." Veja o quão forte é esse dizer. Você trabalha todos os dias e o dinheiro que recebe distribui para várias pessoas e empresas e acaba ficando sem nada. Lembre-se de que esse valor que está se pagando, à margem de 20%, é para a sua tranquilidade, e o resultado é a conquista de coisas que antes pareciam nunca estarem ao alcance. Como em um passe de mágica, as coisas começam a acontecer.

Torne a sua rotina de pagamentos de contas algo prazeroso, crie momentos de lazer, buscando opções gratuitas ou de baixo custo. Tenha em mente os seus objetivos e metas e os siga. Ao longo do caminho, haverá muitos desafios e acontecimentos que farão você se questionar e tentarão tirá-lo(a) do foco, e essa é a parte mais difícil. Nesse sentido, tenha em mente o porquê de estar organizando as suas contas, se é por dívidas, pela tranquilidade ou pelo seu futuro.

Para simplificar o processo, priorize as compras à vista. Só gaste o dinheiro que você já tem. Lembre-se de que você precisa realizar suas compras com consciência, para não comprometer seu orçamento. Compre parcelado somente em emergências e faça em menos parcelas possíveis, para que logo o orçamento volte ao seu normal. As compras parceladas tornam o controle financeiro mais complicado e desgastante, exigem mais tempo e atenção, o que normalmente não temos, e o objetivo da organização financeira é justamente facilitar sua vida. Com o tempo, você poderá utilizar o cartão de crédito e poderá usufruir de benefícios dos cartões, como pontos e milhas, mas tenha calma e paciência para chegar a esse ponto. Comece, aplique essa técnica e não desista.

A organização financeira muda vidas, mudou a minha vida e pode mudar a sua também. Ter a consciência e a visão de aonde você quer chegar, traçar objetivos, o(a) faz trabalhar todos os dias com mais consciência, valorizando os momentos e também o seu dinheiro. Muda tudo à sua volta. Você se torna seu hábito, sua forma de vida, sua visão e seus valores. Busca por coisas melhores, de mais qualidade, e ao mesmo tempo passa a avaliar melhor o que é mais importante para você, desde as pessoas até as coisas materiais. Minha vida mudou drasticamente quando percebi que só trabalhava para pagar contas e não saía desse mundo. Ao buscar a educação financeira para sair dessa vida, percebi que era muito maior o meu propósito e a busca por conhecimento para mudar a minha vida trouxe também a possibilidade de mudar outras vidas, e isso é maravilhoso.

Ser um instrumento para transformar outras vidas e empresas é gratificante demais, sinto-me muito abençoada por poder fazer isso. Realizar sonhos é o meu propósito. Agora, convido você para ter sua vida transformada também, você pode contar comigo. Aplique na sua vida financeira esses passos que passei, desafie-se e comece essa transformação. Você pode me chamar na minha rede social, mande "Estou no caminho para realizar meus sonhos!", que saberei que iniciou esse desafio e irei apoiá-lo(a) e incentivá-lo(a).

Hábitos são a chave para a realização dos seus sonhos!

Simone Nagel

THALITA CARVALHO

Sou Thalita Carvalho, natural de Curvelo, cidade no coração de Minas Gerais, do meu coração e do coração dos meus pais Sandro e Janice.

Sou mentora de Gestão Financeira Estratégica para Negócios, consultora de Finanças Pessoais e CEO da TC Finanças. Atuo no mercado financeiro há quatro anos, no qual acumulei mais de R$ 300 mil de faturamento, além de guiar mais de 30 empreendedoras pelo mesmo caminho. Sou formada pela Universidade Federal de Viçosa (UFV), com intercâmbio na Universidad de Caldas (Colômbia) e MBA em Mercados Financeiros e *Banking*.

Sou amante da moda, da atividade física, do tempo de qualidade, de viagens e de colecionar experiências.

Passei por grandes desafios no meu negócio e provei que é possível transformar a qualidade de vida por meio da gestão financeira estratégica.

thalicarvalho.financas

thalicarvalho.financas@gmail.com

DNA FINANCEIRO

30 AS CHAVES PARA O SEU CRESCIMENTO FINANCEIRO

Por Thalita Carvalho

Se tem uma coisa que eu aprendi desde muito nova foi que a única herança que eu teria seria o conhecimento e as experiências acumulados ao longo do meu caminho. Recordo-me que meu pai, desde eu pequena, me falava essa frase. Ele veio de uma família simples e logo teve de batalhar muito para conquistar tudo que tem hoje, e minha mãe também. E esse ensinamento rondou minha infância, minha juventude e minha vida adulta. Lembro disso como se fosse hoje, e é essa a grande herança que trago comigo.

Com isso, eu me vi desde muito nova correndo atrás de tudo que eu queria, buscando ser uma pessoa melhor, desenvolver-me e ser uma mulher independente. Mas, com toda essa sede e vontade de crescer profissionalmente e financeiramente, inúmeras vezes eu me senti perdida no caminho, querendo fazer tudo ao mesmo tempo. E, depois de quebrar a cara algumas vezes, percebi que estava fazendo tudo de maneira ineficiente e, é claro, não aceitei viver dessa forma.

Ao longo dos anos, eu me dediquei muito ao meu desenvolvimento, esse era o foco dos meus pais e se tornou o meu foco também. Investir no meu desenvolvimento tornou-se um hábito e, além de hábito, uma prioridade. E foi assim que eu consegui construir a base que tenho hoje para levar o meu conhecimento financeiro para os empreendedores que passam pelo mesmo problema que eu passei. E lhe falo mais: eu não nasci de uma família rica, mas uma família rica nascerá de mim, e o que eu descobri com a minha jornada empreendedora eu vou lhe entregar em cinco chaves, para que você possa destravá-las e ter um crescimento financeiro por meio do desenvolvimento profissional.

Foram essas chaves, que vou compartilhar com você, que me fizeram ter um desenvolvimento profissional e um crescimento financeiro considerável, principalmente no último ano.

Chave 1: o autoconhecimento é a base de tudo.

A primeira chave a ser compartilhada é literalmente o que o nome diz, o autoconhecimento é a base de tudo, e confesso que custei a virar essa chave na minha vida pessoal e profissional. Quando você não se conhece, quando você não tem um "porquê" muito forte, você vai levando a vida no "estilo Zeca Pagodinho", em "deixa a vida me levar". O que quero lhe mostrar aqui é que investir em autoconhecimento é um dos maiores investimentos e com os maiores retornos que você terá em sua vida.

Quando falo em autoconhecimento, estou dizendo conhecer-se como pessoa, como ser humano, com pensamentos, sentimentos, ações, valores, princípios, desejos, quereres, crenças, medos, inseguranças e afins.

Confesso que essa não é uma tarefa fácil, haja vista que, muitas vezes, o que queremos é esconder as nossas vulnerabilidades, mas vale a pena, aliás, vale a vida.

Você pode estar se perguntando: Mas, Thalita, o que tem a ver autoconhecimento com desenvolvimento profissional e crescimento financeiro? E eu digo: tem tudo a ver, considerando que, sem se conhecer profundamente, como você irá tomar decisões melhores? Como você vai identificar seus pontos fortes (a serem elevados) e seus pontos fracos (a serem minimizados ou otimizados)? Como você vai ter objetivos e metas? Como você vai crescer, financeiramente falando?

Sinto lhe dizer, mas não tem como!

Quando eu me conheci – e ainda estou nesse processo, considerando que ele é constante –, eu entendi de fato o que fazia sentido para mim, o que eu almejava para minha vida pessoal e profissional e aonde eu realmente queria chegar. Assim, o caminho para o sucesso profissional ficou muito mais fácil de ser traçado, e o crescimento financeiro veio como consequência de tudo isso.

Autoconhecer-se é um passo extremamente essencial para o seu desenvolvimento profissional e o seu crescimento financeiro, uma vez que é por meio dele que você vai conseguir construir uma base sólida de crescimento, para assim alcançar os seus objetivos mais ousados.

Imagine a construção de um edifício. Sem uma base sólida, ele não se sustentará de pé, concorda? Assim é a sua vida e o seu crescimento profissional sem o autoconhecimento.

Chave 2: invista em aprendizado contínuo.

Uma coisa é fato: só não temos os resultados que queremos enquanto não temos o conhecimento necessário para conquistar esses resultados. Então, se você realmente deseja se desenvolver profissionalmente e ter um crescimento financeiro, você vai precisar investir em seu conhecimento.

Afinal, o que nos trouxe até onde estamos não é o que vai nos levar adiante. Então, investir tempo e dinheiro em conhecimento é algo que, de fato, vai fazê-lo(a) sair da posição em que você está hoje.

Quando falo em investir em conhecimento, refiro-me a você estudar, participar de cursos, eventos, mentorias, *workshops*, leituras, *networking*, fazer alguma especialização específica etc.

Essa chave fez sentido em toda a minha juventude e minha vida adulta, e se tem uma coisa em que eu invisto tanto para mim, pessoalmente, quanto para o meu negócio, é em conhecimento. O conhecimento é libertador, e se você está aí angustiado(a) e triste com o seu desenvolvimento profissional e o seu crescimento financeiro, saia hoje mesmo da sua zona de conforto e busque investir em seu conhecimento, garanto que a sua realidade vai mudar.

Chave 3: tenha metas, entre em ação e seja proativo(a).

Muito provavelmente você já ouviu esta famosa frase do livro Alice no País das Maravilhas: "Para quem não sabe para onde vai, qualquer caminho serve." (Jaccoud, 2011, on-line). E pode parecer bobagem, mas quando não temos um alvo, dificilmente vamos ter uma direção clara traçada para entrar em ação e alcançar o que desejamos, então acabamos nos perdendo no meio do caminho, pegando atalhos e, muitas vezes, tomando decisões erradas, nos afastando (ao invés de nos aproximar) do que almejamos.

Ter metas definidas foi um grande desbloqueio na minha vida e no meu desenvolvimento profissional, uma vez que, quando temos clareza do que, quando e por que queremos, traçar o caminho para chegar ao objetivo final é muito mais fácil. Portanto, ao definir metas, seja específico e as faça com base em um método muito conhecido, o método SMART.

Importante ressaltar ainda dois pontos: o primeiro é que a meta, além de trazer clareza, auxilia você no seu foco e na motivação de alcançar o que tanto almeja. O segundo ponto é que, se você só tiver uma meta e não for proativo(a) nem entrar em ação, de nada vai adiantar ter uma meta.

Falo muito esta frase: "Planejamento sem ação é pura ilusão." E é por causa desses dois pontos que boa parte das pessoas não conseguem alcançar o que desejam, pois não possuem um plano, desistem muito fácil e não entram em ação.

Chave 4: desenvolva habilidades relevantes.

Quando falo em desenvolver habilidades, eu preciso que você entenda que, se você deseja ter resultados, precisa desenvolver-se como pessoa e como profissional e, para isso, precisa desenvolver habilidades.

Você deve estar se perguntando: Thalita, quais habilidades eu preciso desenvolver para o meu crescimento profissional e para crescer financeiramente?

Vou listar algumas dessas habilidades, que vejo como muito relevantes nessa nova era e que você precisa desenvolver:

- falar em público e ter uma boa oratória;
- ter o poder de liderança e de liderar;
- possuir um bom *marketing digital*;
- saber negociar;
- saber lidar com pessoas;
- ter um pensamento crítico;
- possuir criatividade e inovação.

Essas são apenas algumas habilidades que tenho focado bastante na minha vida e que vêm gerando resultados.

E a recomendação é: comece o quanto antes a desenvolver essas habilidades, que, juntamente com o autoconhecimento, o aprendizado contínuo, as metas e a ação, o avanço profissional será gigante.

Chave 5: faça uma gestão financeira estratégica.

Todas as chaves trazidas para você são focadas no desenvolvimento profissional e, consequentemente a esse desenvolvimento, vem o crescimento financeiro.

De nada adianta você ganhar muito dinheiro, ter esse tão sonhado crescimento financeiro, se você não souber como cuidar desse dinheiro. Sendo assim, a última chave que trago para você é: **faça de forma estratégica a gestão financeira do seu pessoal e do seu negócio**.

Fazer essa gestão financeira inclui ter um orçamento e um planejamento financeiros, economizar no que for possível no dia a dia, estabelecer limites de gastos, investir pensando no curto, no médio e no longo prazos. E, no negócio, além disso tudo, focar no aumento do lucro da empresa.

Depois de usar essas cinco chaves, eu consegui chegar aonde eu queria: sair da CLT, viver do meu negócio e, com ele tendo lucro e crescimento exponencial, ter liberdade, financeiro pessoal saudável, qualidade de vida, e muito mais, e eu não paro aqui, afinal, ainda tenho muito a conquistar.

Preciso dizer a você que, se eu consegui, você também consegue. Meu objetivo aqui é, além de dar os passos práticos para você chegar aonde deseja, inspirá-lo(a) a ir para o próximo nível, ir em busca da sua melhor versão, porque você merece viver o extraordinário!

E, agora que você já acessou as minhas cinco chaves, eu quero lhe dar uma missão: somente ler o que eu fiz para conquistar o meu desenvolvimento profissional e o meu crescimento financeiro. Não fará grande diferença em sua vida, o que vai fazer diferença são as atitudes e as decisões que você tomará após ler este capítulo. Então, acesse o QR code a seguir e pegue o seu mapa de ação para conquistar o seu tão sonhado desenvolvimento profissional e crescimento financeiro.

Após preencher o seu mapa, que será o caminho para atingir o alvo, marque o meu Instagram, pois eu estarei lá disponível para caminhar com você nessa jornada.

(Referências ao final do livro.)

O seu crescimento financeiro está a uma decisão de mudar a sua realidade. Afinal, o que nos trouxe até aqui não é o que nos levará adiante.

Thalita Carvalho

Foto por: iso produtora

VANESSA MELLO

Sou Vanessa Mello, natural de Capão da Canoa/RS, cidade onde nasci e resido com a minha família.

Sou educadora financeira e atuo na área de finanças pessoais, já auxiliei centenas de pessoas e suas famílias a conquistarem seus objetivos financeiros. Fui bancária e nessa jornada pude observar que a educação financeira é o grande divisor de águas na vida das pessoas. Quando saí da instituição financeira onde trabalhava, decidi dedicar-me à educação e desde então venho sendo instrumento de transformação na vida financeira de muitas famílias.

Tive de superar muitos desafios pessoais para que eu pudesse chegar aonde estou e me tornar a profissional que me tornei. Acredito que Deus nos prepara para aquilo que Ele preparou para nós.

vanessamellofinancas

+55 (51) 98217-7291

31 RELACIONAMENTOS E FINANÇAS: ALINHANDO OBJETIVOS

Por Vanessa Mello

Cresci em uma família sem educação financeira, meus pais eram professores da rede pública de ensino e, todo mês, entrava dinheiro e da mesma forma ele ia embora, nunca havia sobras.

Lembro de ver meu pai sentado na ponta da mesa olhando os extratos bancários, fazendo contas e procurando identificar para onde o dinheiro deles havia ido. Além disso, ficava a todo momento perguntando para minha mãe no que ela tinha gasto o dinheiro dela, e muitas vezes os vi discutindo por esse motivo.

Assim como acontecia na minha casa, sei que em muitos lares a ausência do alinhamento e da conversa sobre o dinheiro é a causa dos problemas familiares.

Dessa forma, há frequentemente um sentimento de frustração e ausência de comprometimento do(a) cônjuge/parceiro(a) para as realizações de sonhos, os quais não são compartilhados, tampouco verbalizados um para o outro.

Esse cenário traduz a vida financeira e familiar de uma grande parte das famílias brasileiras, as quais vivem num ciclo financeiro de gerar renda – pagar contas (em dia ou em atraso) – trabalhar mais e não conseguir sair dessa situação.

Sendo assim, as consequências trazidas por esse problema são muitas, contudo, quero destacar as que julgo de maior impacto no relacionamento conjugal e familiar: brigas, ausência de realizações de objetivos e desestrutura familiar em decorrência da falta de alinhamento e diálogo sobre o dinheiro.

Quero trazer a você uma reflexão sobre esse assunto tão importante, para que você possa começar a olhar para possibilidades de mudança dentro da sua casa, assim como fiz quando constituí a minha família.

1. **Brigas:** elas normalmente ocorrem nas relações por diversos motivos, dentre os quais vale ressaltar: falta de diálogo e de combinar atitudes e valores importantes para cada um de forma individual e para a própria relação.

Além disso, o dinheiro é um tabu a ser superado nos relacionamentos, pois falar a respeito dele causa constrangimento, vergonha, sentimento de invasão na vida do outro.

Todas essas situações acabam se tornando motivos de brigas, porque não há uma conversa prévia e sincera sobre valores, princípios, sonhos financeiros, a renda recebida por cada um e quais serão os objetivos e conquistas principais para cada um e o que esperam conquistar como casal e/ou família.

Eu acredito que ao ler isso você possa pensar: "Impossível alinhar isso antes de viver com alguém!".

Mas quero fazer a pergunta: Por que é impossível ter esse comportamento de forma prévia?

Porque a educação formal e a transmitida pela maioria das famílias não ensina a olhar o dinheiro como parte do contexto familiar, tampouco como parte da relação amorosa.

Ao contrário, ensinam que as pessoas devem tomar a decisão de viverem juntas porque se sentem bem uma ao lado da outra e querem estar juntas diariamente, que devem trabalhar e buscar a realização de seus sonhos.

Contudo, não é ensinado como alinhar expectativas, valores e desejos antes dessas pessoas tomarem a decisão.

Além disso, a tendência comportamental no relacionamento, usualmente, é repetir o padrão vivenciado em sua casa (se os pais tinham o hábito de brigar, a pessoa vai brigar; se tinham o hábito de gritar, a pessoa vai repetir igualmente; se havia uma relação de mando/obedece, a pessoa vai repeti-la).

Então, comece a observar quais são os padrões de comportamento que você repete, se eles fazem sentido e se levam a sua relação e as suas finanças para o caminho que você busca.

Se a resposta for não, busque conversar com a pessoa com quem você compartilha a vida, interesse-se em ouvi-la e não em julgá-la. Conheça os seus desejos e sonhos, entenda o contexto em que ela foi criada, quais foram os valores de dinheiro, família, trabalho e qual seria a maior felicidade de conquista da pessoa.

A maior parte das brigas ocorre porque as pessoas não se conhecem, não conversam sobre dinheiro, e quando "tentam" conversar é na **hora errada:** no momento de pagar as contas!

2. **Ausência de realizações de objetivos:** ocorre por não haver uma ordem de prioridade de realizações, e essa é definida apenas se houver alinhamento e diálogo.

No lugar de cada um usar o dinheiro de forma individual e ficar responsável por pagar um determinado número de contas, além de os dois acusarem-se mutuamente por usar o dinheiro em coisas desnecessárias e/ou não falar a verdade quanto ao valor gasto na compra de algo, busque sentar e dialogar sobre o destino da vida financeira de vocês e sobre quais são as realizações que desejam alcançar.

A pergunta que mais recebo é: "Como é que eu vou fazer isso?".

Então o(a) convido a percorrer os seguintes passos:

a) convide a outra pessoa para um momento a dois, prepare algo de que gostem para comer;

b) seja sincera(o) e exponha o seu desejo de que as coisas melhorem e que vocês possam realizar aquilo que faz sentido para ambos;

c) mostre à outra pessoa o quanto ela é importante na sua vida e que você se interessa verdadeiramente por ela;

d) ouça o que ela tem a falar, seus sonhos, desejos, histórias familiares marcantes;

e) depois de ouvir, permita-se falar e também compartilhar o que faz sentido a você;

f) a partir dessa conversa e entendendo o que é importante para cada um, identifique o que buscam conquistar como casal, como família;

g) coloquem em conjunto uma ordem na realização dos objetivos, tanto individuais quanto em família;

h) faça a lista de prioridades de forma escrita e de acordo com a ordem estabelecida por ambos;

i) coloque essa lista num lugar em que possam ver frequentemente (proteção de tela do telefone, geladeira de casa, onde vejam e lembrem-se do que é importante para vocês);

j) façam uma lista de todo o comprometimento da renda mensal para os próximos meses;

k) identifiquem o que pode ser retirado das despesas e como podem aumentar a renda e fazer rendas adicionais.

O objetivo é saber quais são as coisas que importam verdadeiramente para ambos, e para que possam dizer **não** para as coisas que não são necessárias.

Dessa forma, há uma redução considerável das brigas, pois foi feito um combinado na condução da renda e quais são as coisas que se planejam conquistar.

Quando esses comportamentos são inseridos na relação e na família e os esforços são somados, a realização acontece.

3. **Desestrutura familiar em decorrência da falta de alinhamento e diálogo sobre o dinheiro:** uma família que não conversa está fadada ao fracasso, eu sei que é chocante, mas é uma verdade. Avalie a seguinte situação: ao crescer em uma casa em que se briga constantemente, em que o dinheiro é motivo de problemas, não se realiza objetivos e a relação é sem conversa, que tipo de resultados e frutos se pode gerar?

Eu, por experiência pessoal, posso dizer que se cresce não acreditando em relacionamento saudável e feliz, que dinheiro é a causa de todos os males familiares e que só se realizam objetivos se as pessoas tiverem muito dinheiro.

Por muitos anos da minha vida tive essas crenças, afinal, vi a relação dos meus pais acabar depois de 25 anos de casamento, minha mãe entrou em depressão e não tinha a menor ideia de como se administrava dinheiro, pois ela jamais o fez com o seu salário, muito menos conhecia o quanto de gastos mensais poderia suportar.

Foram muitos anos de erros para que a situação finalmente começasse a mudar.

Então, para que você possa fazer diferente na sua vida e na vida da sua família, evitar a ruptura da sua relação e possa criar seus filhos em um ambiente mais leve, onde o dinheiro não é a causa dos problemas: converse e alinhe.

Busque entender e conversar ao invés de julgar e brigar. Tenha em conjunto com a outra pessoa o controle financeiro de vocês e os objetivos a serem alcançados de forma clara e definida, isso é possível à medida que conversam, avaliam, recalculam despesas e aumentam renda.

Se isso é possível? Sim! É possível! Posso lhe garantir que tudo muda quando você muda e faz movimentos de mudança para que sua relação melhore e prospere.

Eu mesma vivencio isso ao lado do meu esposo e da família que constituímos: um ambiente feliz e harmônico, com diálogo e alinhamento de objetivos, valores e expectativas.

Você pode mudar o rumo da sua vida familiar e financeira, desde que se permita fazer coisas diferentes das que vivenciou na sua família de origem.

Tudo o que você recebeu dos seus pais, ou de quem criou você foram suas referências até aqui, sejam elas do que fazer ou não, no entanto, elas não definem seu futuro.

Seu futuro pode ser modificado a partir do momento em que você decide fazer diferente e age.

Quero lhe pedir que não busque culpados pelas adversidades que vivenciou, afinal, os seus pais, assim como os meus, deram aquilo que sabiam e podiam, com o conhecimento que tinham.

Atualmente, diferentemente de anos atrás, o conhecimento das mais diversas áreas é acessível a todo aquele que o busca e deseja verdadeiramente mudar o rumo da sua vida, independentemente da área do conhecimento.

Por esse motivo, convido você a refletir como é a sua vida pessoal, conjugal, familiar e financeira e identifique se ela está da forma como deseja, o que pode ser melhorado e o que depende de VOCÊ para que essas transformações aconteçam.

Fácil? Não, contudo, totalmente possível na medida em que você faz movimentos e atitudes de mudança na sua vida pessoal e financeira.

O autoconhecimento é um passo fundamental na jornada de transformação, não tenha medo de ser alguém diferente de quem você é hoje.

Ao contrário, liberte-se e permita-se ser e viver uma vida muito melhor e mais leve do que a atual. É por meio dos seus movimentos e permissões que você e sua vida se transformam, e consequentemente as relações decorrentes delas.

Seja você a pessoa a dar os primeiros passos ao encontro da vida e das relações que você deseja ter, faça a sua parte e não cobre dos outros mudanças, elas ocorrem naturalmente a partir do seu exemplo, não de suas palavras.

Aproveite e compartilhe esse conteúdo com as pessoas que você ama e permita que cada uma faça os seus movimentos de mudança, no seu tempo.

Antes de desejar a mudança das demais pessoas, comece você mesma(o) a mudança que deseja, afinal tudo muda, quando a você muda!

Antes de desejar que os outros mudem, comece por você a jornada de transformação. Afinal, suas ações falam mais que suas palavras.

Vanessa Mello

WELTON GARCIA

Eu me chamo Welton Garcia. Sou casado com a Elaine e pai de duas meninas lindas, a Livia e um anjinho chamado Lorena. Trabalho no mercado financeiro há mais de 13 anos. Sou formado em Ciências Econômicas e certificado pela Planejar como planejador financeiro – CFP®. Atualmente, atuo como assessor de investimentos e sou sócio de um dos maiores escritórios de assessoria do Brasil, a Center Investimentos.

Nesses últimos anos, tive a oportunidade de conviver com vários multimilionários e extraí algumas lições do que realmente é importante quando se trata de construir riqueza. A seguir, apresento quatro pilares que o(a) ajudarão a investir de uma forma mais segura e consciente nessa jornada, rumo à independência financeira.

welton.garcia.xp

+55 (44) 99984-4019

Welton Garcia Azevedo

garcia_azevedo@hotmail.com

DNA FINANCEIRO

32 COMO VENCER O JOGO DO LONGO PRAZO NOS INVESTIMENTOS

Por Welton Garcia

Existem diversas estratégias e inúmeros livros sobre como montar uma carteira de investimentos e sobre quão recompensador é conquistar a independência financeira. Relatos e histórias de grandes investidores motivam-nos a buscar alternativas para também alcançar um certo nível de riqueza. Afinal, quem de nós não gostaria de ter autonomia em como queremos gastar o nosso próprio tempo, seja trabalhando, viajando, vivendo experiências ao lado de quem amamos etc.? Mas, depois de tomar consciência sobre a importância de investir e acumular patrimônio, caímos no erro comum de enfatizar apenas parte do que realmente é importante. Buscamos a melhor ação, o melhor fundo, a melhor estratégia para investir no **curto prazo.**

Embora essa seja a parte mais excitante, o que realmente funciona é a capacidade de permanecermos no jogo do **longo prazo** pelo maior tempo possível, permitirmos que os juros compostos possam se multiplicar e agregar valor ao portfólio. E, por mais que estejamos dispostos a, de fato, investir com essa mentalidade, a trajetória ao longo dos anos nos exigirá muita resiliência e habilidades específicas.

Diante do desafio de acumular um patrimônio relevante, quem eu preciso ser? Como investir da forma correta? Como vencer o jogo do longo prazo?

Invista sempre e construa uma base forte de capital.

O primeiro pilar é compreender que, se o tempo e os juros compostos são os meus maiores aliados, é preciso construir uma base forte de capital, por meio de aportes consistentes. Ter o hábito de poupar pode parecer simples em um primeiro momento, mas é um grande desafio em um mundo altamente consumista, em que fazer sobrar dinheiro todos os meses e investir na aquisição dos ativos corretos é uma briga entre o ego e o desejo de recompensa imediata. Ao longo desses anos, como profissional do mercado financeiro tive a oportunidade de conviver com muitas pessoas de alta renda mensal. E, por mais que essas pessoas aos olhos da sociedade fossem bem-sucedidas, com bons carros, casas etc., nos bastidores, a realidade financeira de muitos (não todos) demonstrava pessoas compulsivas e sem nenhuma preocupação em ter fontes de renda passiva. Resultado: perdiam o auge de sua vida profissional e tinham de trabalhar por necessidade, mesmo em idade mais avançada.

O aprendizado é que não importa o quanto você ganha, mas sim o quanto você gasta. Para ter resultados satisfatórios nesse pilar de aportes consistentes, é preciso ter um controle financeiro. Separe as receitas e as despesas, use uma folha de papel ou planilha, verifique com frequência todos os gastos, para identificar aqueles que não são essenciais. As pessoas de sucesso financeiro têm constantemente a intenção de fazer sobrar dinheiro em seu orçamento, pelo simples fato de terem, com isso, maior segurança.

Envolva os familiares.

O segundo pilar para ter êxito em seu planejamento financeiro é envolver os familiares, todos precisam remar juntos na mesma direção. Dentro do ambiente familiar, teremos sempre pessoas com perfis financeiros diferentes entre si: compulsivos, gastadores por natureza, restritivos etc. O importante é o equilíbrio, focando como objetivos maiores a segurança e a liberdade. Quando a família conversa sobre as finanças, é mais fácil gerenciar conflitos naturais sobre intenções de compra e, até mesmo, sobre os investimentos. Imagine uma situação onde o marido, que cuida de escolher os investimentos da família, acaba os alocando de forma desproporcional em renda variável.

Diante de uma queda brusca do mercado, ele pode se sentir pressionado a vender essas ações com prejuízo, por medo de perder ainda mais, realizando o prejuízo por receio de ser julgado pela esposa. Porém, se o casal conversa sobre o orçamento e os investimentos, muitas decisões podem ser tomadas de forma mais assertiva.

Você não precisa ser o melhor investidor.

O terceiro pilar é que você não precisa ter sempre a melhor rentabilidade. O básico funciona. Começamos a investir e queremos ver o nosso patrimônio crescer de forma acelerada, então buscamos qual ação mais pode subir e alavancamos posições em busca de retornos mais altos. Mas, é muito melhor conseguirmos resultados médios por vários anos do que um retorno muito alto seguido de riscos desproporcionais. Entenda por retornos médios uma rentabilidade apropriada, acima da inflação.

Se a sua carteira de investimentos tiver um retorno de 30% ao ano durante 10 anos, você multiplicará o capital inicial por 13,79 vezes, enquanto que, se você conseguir retornos de 10% ao ano por 30 anos, multiplicará 17 vezes o capital inicial. É muito mais excitante tentar buscar os 30% ao ano, mas pare para avaliar quais seriam os ativos que você precisaria investir para alcançar essa rentabilidade, qual o nível de risco assumido e qual a dedicação envolvida em acompanhar essa carteira. Será que é um jogo que você quer jogar?

Para se ter ideia, entre 17/03/2014 e 15/03/2024 o retorno médio do certificado de depósito interbancário (CDI) foi de 9,24% ao ano e, da Ibovespa, de 10,88% ao ano. Obter resultados extraordinários não é uma tarefa fácil de se conseguir por muito tempo. Tendo consciência disso, evitamos ficar atrás de dicas de investimento e de corrermos riscos desproporcionais.

Por que acreditar que uma empresa ou estratégia de investimento pode lhe trazer 3, 5 ou 10% ao mês de forma consistente? A quantidade de pessoas que perdem dinheiro em pirâmides financeiras é impressionante. A ganância fala mais alto que a racionalidade e, assim, várias vidas financeiras são destruídas.

Fuja do efeito manada. Quando uma ação ou criptomoeda está em alta, apresentando retornos representativos, surgem diversas matérias exaltando o movimento. O tema toma conta das rodas de conversa e, aí, parece que só nós ficaremos fora da festa, então investimos na cotação histórica máxima das ações, próximo de a bolha estourar.

Invista de uma forma que você tenha segurança sobre suas decisões, não arrisque o essencial em busca do que não é relevante para mudar a sua vida.

Se uma posição alavancada pode lhe trazer 20% de retorno, a perda muitas vezes pode levá-lo(a) à falência. Construa uma base forte de capital, obtenha retornos médios por muito tempo e colha os verdadeiros frutos de um patrimônio relevante.

Separe o longo prazo em vários curtos prazos.

O planejamento financeiro é baseado em expectativas de aportes e de simulações de retorno. É impossível mensurar o impacto dos ciclos econômicos sobre nossas estimativas. Haverá ciclos em que os investimentos em ativos de risco parecerão uma perda de tempo, em outros parecerão ser a melhor alternativa para multiplicar patrimônio. O fluxo de dinheiro global muda constantemente de direção, e as melhores janelas de oportunidade se dão justamente quando o pessimismo predomina. Se você consegue manter uma robusta margem de segurança em sua carteira, terá maior tranquilidade em gerenciar psicologicamente as oscilações de mercado, e isso é uma grande vantagem no longo prazo. As pessoas que aderem a esse perfil têm maior facilidade de continuar tocando suas vidas, fazendo mais receitas e aportando de forma consistente. Essa paciência é premiada em curtas janelas de otimismo, que fazem muita diferença.

Nem tudo que está bom se manterá, e nem tudo que está ruim se manterá por muito tempo, o fluxo muda constantemente. Isso não significa que você deve comprar seus ativos hoje e apenas esperar, é preciso acompanhar se os fundamentos foram alterados. Quero dizer, com isso, que os ciclos econômicos e de investimento se alteram sempre.

Não se prenda a um prazo específico, como se aposentar daqui a exatos 20 anos. Tenha a mentalidade de querer se aposentar daqui a **10 ou 20** anos, essa flexibilidade de tempo traz uma maior tranquilidade, caso as condições de mercado prejudiquem a rentabilidade projetada.

Quando apresento o planejamento financeiro como alternativa para a construção de riqueza, recomendo que as pessoas separem mentalmente seu dinheiro em três caixinhas: a da segurança, a da liberdade e a das experiências. A de segurança relaciona-se à reserva de emergência, a qual, para mim, é uma oportunidade não apenas para atender a imprevistos, mas um pilar muito importante para as pessoas empreenderem, arriscarem-se em suas carreiras para gerar maior renda e investir melhor nas demais caixinhas. A de liberdade refere-se ao projeto de longo prazo, o qual se deve considerar intocável para fins de resgate, nele predomina a escolha de investimentos planejados para seguirem por muitos anos em sua carteira. E a escolha detalhada dependerá sempre do perfil de risco. A terceira caixinha, não menos importante, é a das experiências, afinal somos seres movidos por emoções e queremos viver experiências ao lado que quem amamos, ter um carro e uma casa melhor... É tudo uma questão de se planejar e adquirir esses bens no momento correto, conforme o patrimônio líquido cresce.

Se você conseguir separar essas caixinhas diante de uma crise que prejudique ou adie seu planejamento, estará preparado para suportar um período difícil até que as coisas melhorem e o planejado se conclua. Tudo passa, só não passa a necessidade de se ter segurança financeira na velhice.

É claro que saber como investir o seu dinheiro é importante. Assim, acredito que: o mercado de ações deve ter um espaço dentro das carteiras de investimento; títulos atrelados à inflação garantem um ganho real ao longo do tempo; fundos imobiliários são uma boa alternativa quando se quer fluxo de renda mensal. Porém, de que vale investir de forma agressiva se não se é capaz de manter os investimentos no longo prazo?

O que realmente importa no projeto de construção de riqueza é ser uma pessoa condizente com a vida que você quer ter, ser capaz de gerar uma renda suficiente para investir de forma consecutiva e cuidar da mente e do corpo para que possa usufruir desse futuro que está sendo construído, porque, quando o seu momento chegar, o que realmente fará a diferença será poder dormir tranquilo(a), ter tempo de qualidade para cuidar de si mesmo(a) e aproveitar os momentos ao lado das pessoas que você ama. Essa é a verdadeira riqueza!

Construa uma base forte de capital, obtenha retornos médios por muito tempo e colha os verdadeiros frutos de um patrimônio relevante.

Welton Garcia

REFERÊNCIAS

Adriana Vieira

HOUSEL, Morgan. **A psicologia financeira:** lições atemporais sobre fortuna, ganância e felicidade. Trad. Roberta Clapp, Bruno Fiuza. Rio de Janeiro: Harper Collins Brasil, 2021.

Alan Ferreira

WARREN, Elizabeth; TYAGI, Amelia Warren. **All Your Worth:** The Ultimate Lifetime Money Plan. New York: Simon and Schuster, 2005.

Bruno Vieira e Sayonara Borjaile

GRAHAM, Benjamin. **O investidor inteligente**. Rio de Janeiro: Harper Collins Brasil, 2018.

HOUSEL, Morgan. **A psicologia financeira:** lições atemporais sobre fortuna, ganância e felicidade. Trad. Roberta Clapp, Bruno Fiuza. Rio de Janeiro: Harper Collins Brasil, 2021.

MARKS, Howard. **O mais importante para o investidor:** lições de um gênio do mercado financeiro. São Paulo: Edipro, 2020.

Camila Kamila Tavares

ASSAF NETO, Alexandre; LIMA, Fabiano Guasti. **Fundamentos de administração financeira**. São Paulo: Atlas, 2010.

BONA, André. **Finanças na vida real**: pague as dívidas, conquiste seus sonhos e garanta uma boa aposentadoria. São Paulo: LeYa Brasil, 2021.

Douglas Maciel

15 FRASES inspiradoras de Warren Buffett. **Forbes**, [*S.l.*], 30 ago. 2020. Disponível em: https://forbes.com.br/colunas/2020/08/15-frases-inspiradoras-de-warren-buffett/#foto12. Acesso em: 22 abr. 2024.

BARROS, Alerrandre. 72,4% dos brasileiros vivem em famílias com dificuldades para pagar as contas. **Agência IBGE Notícias**, [*S.l.*], 30 set. 2021. Disponível em: https://agenciadenoticias.ibge.gov.br/agencia-noticias/2012-agencia-de-noticias/noticias/31401-72-4-dos-brasileiros-vivem-em-familias-com-dificuldades-para-pagar-as-contas. Acesso em: 7 maio 2024.

FOLHA, Ana Paula. Saiba que são suas decisões, e não suas condições, que determinam seu destino. **Mundo em Cores**, [*S.l.*], [*s.d.*]. Disponível em: https://mundoemcores.com/saiba-que-sao-suas-decisoes-e-nao-suas-condicoes-que-determinam-seu-destino/. Acesso em: 22 abr. 2024.

INSANIDADE é fazer a mesma coisa todos os dias e esperar resultados diferentes! **Resiliência Mag**, [*S.l.*], [*s.d.*]. Disponível em: https://www.resilienciamag.com/insanidade-e-fazer-a-mesma-coisa-todos-os-dias-e-esperar-resultados-diferentes/. Acesso em: 22 abr. 2024.

Edlâyne Santos

ARIELY, Dan. **Previsivelmente irracional.** Rio de Janeiro: Campus, 2008.

KAHNEMAN, Daniel. **Rápido e devagar:** duas formas de pensar. São Paulo: Objetiva, 2011.

KIYOSAKI, Robert. **Pai rico, pai pobre:** o que os ricos ensinam a seus filhos sobre dinheiro. [Rio de Janeiro]: [Campus], 1997.

Flávia Alves

GRAHAM, Benjamin. **O investidor inteligente.** Trad. Lourdes Sette. Rio de Janeiro: Harper Collins Brasil, 2016.

GREEN, William. **Ricos, sábios e felizes:** Os princípios de Charlie Munger, Howard Marks, John Bogle e outros grandes investidores para ser bem-sucedido nos negócios e na vida. Trad. André Fontenelle. Rio de Janeiro: Sextante, 2021.

Joe Ruas

KIYOSAKI, Robert. **Pai rico, pai pobre**: edição de 20 anos atualizada e ampliada. Rio de Janeiro: Alta Books, 2018.

Josi Oliveira

ARONSON, Elliot. **Animal social**. [*S.l.*]: Aleph, 2023.

AZEVEDO, Rita. Redes sociais são 'má influência' para brasileiro endividado, diz pesquisa. **Valor Econômico**, São Paulo, 7 dez. 2023. Disponível em: https://valor.globo.com/financas/noticia/2023/12/07/redes-sociais-sao-ma-influencia-para-brasileiro-endividado-diz-pesquisa.ghtml. Acesso em: 7 maio 2024.

CONFEDERAÇÃO NACIONAL DE MUNICÍPIOS (CNM). Compra por impulso é realidade para metade dos brasileiros, aponta SPC Brasil. **CNM**, [*S.l.*], 1º maio 2015. Disponível em: https://www.cnm.org.br/comunicacao/noticias/compra-por-impulso-e-realidade-para-metade-dos-brasileiros-aponta-spc-brasil. Acesso em: 7 maio 2024.

DINHEIRO: vamos falar sobre isso? **Crediativos**, [*S.l.*], 30 nov. 2023. Disponível em: https://www.crediativos.com.br/blog/dinheiro-vamos-falar-sobre-isso/. Acesso em: 7 maio 2024.

DOCA, Geralda. Cartão de crédito é a principal dívida para 60% dos endividados. **O Globo**, Brasília, 7 dez. 2023. Disponível em: https://oglobo.globo.com/economia/noticia/2023/12/07/cartao-de-credito-e-a-principal-de-divida-para-dos-endividados.ghtml. Acesso em: 7 maio 2024.

Laís Lima

OITO em cada dez brasileiros não sabem como controlar as próprias despesas, mostra estudo do **SPC Brasil**. SPC Brasil, [*S.l.*], 2023. Disponível em: https://www.spcbrasil.org.br/uploads/st_imprensa/release_pesquisa_educacao_financeira_vf.pdf. Acesso em: 8 maio 2024.

ROCHA, Gustavo. Excelência e Aristóteles. **Administradores**, [*S.l.*], 7 nov. 2011. Disponível em: https://administradores.com.br/artigos/excelencia-e-aristoteles. Acesso em: 29 abr. 2024.

Lisa Bedatty

CARROLL, Lewis. **Alice's adventures in wonderland**. London: [S.n.], 1865.

Luciana Mafra

EKER, T. Harv. **Os segredos da mente milionária**. Rio de Janeiro: Sextante, 2020.

KAHNEMAN, Daniel. **Rápido e devagar:** duas formas de pensar. São Paulo: Objetiva, 2022.

Márcia Sampaio

CERBASI, Gustavo. **Casais inteligentes enriquecem juntos:** finanças para casais. Rio de Janeiro: Sextante, 2002.

FERREIRA, Ramiro Gomes. 23 incríveis frases de dinheiro comentadas para inspirar você instantaneamente! **Clube do valor**, [*S.l.*], 6 dez. 2023. Disponível em: https://clubedovalor.com.br/blog/frases-de-dinheiro/. Acesso em: 14 abr. 2024.

JACCOUD, Danielle. Para quem não sabe para onde vai, qualquer caminho serve. **Somos Todos Um**, [*S.l.*], 15 nov. 2011. Disponível em: https://www.somostodosum.com.br/clube/artigos/oraculos/para-quem-nao-sabe-para-onde-vai-qualquer-caminho-serve-28518.html. Acesso em: 30 abr. 2024.

Nanda Abreu

BERTRAND, Lino. Carl Jung – "Quem olha para fora sonha, quem olha para dentro desperta." **Jung na Prática**, [*S.l.*], 13 set. 2021. Disponível em: https://www.jungnapratica.com.br/carl-jung-quem-olha-para-fora-sonha-quem-olha-para-dentro-desperta/. Acesso em: 15 abr. 2024.

BRASILEIROS querem mais tempo ao ar livre, mas metas para 2024 são mais focadas em produtividade, diz pesquisa. **Forbes**, [*S.l.*], 20 dez. 2023. Disponível em: https://forbes.com.br/forbeslife/2023/12/brandvoice-corona-brasileiros-querem-mais-tempo-ao-ar-livre-mas-metas-para-2024-sao-mais-focadas-em-produtividade-diz-pesquisa/. Acesso em: 8 maio 2024.

KIYOSAKI, Robert T. **Pai rico, pai pobre**: o que os ricos ensinam aos seus filhos sobre dinheiro. Rio de Janeiro: Alta Books, 2018.

PESSOAS estão esgotadas, e marcas devem resgatar magia de campanhas, diz estudo. **_Insights**, [*S.l.*], 16 ago. 2023. Disponível em: https://blog.publicidade.uol.com.br/insights/pessoas-estao-esgotadas-e-marcas-devem-resgatar-magia-de-campanhas-diz-estudo/. Acesso em: 8 maio 2024.

Narjara Knod

PILHAS de moedas dispostas em um gráfico de barras. **Freepik**, [*S.l.*], [*s.d.*]. Disponível em: https://br.freepik.com/fotos-gratis/pilhas-de-moedas-dispostas-em-um-grafico-de-barras_26926274.htm. Acesso em: 15 abr. 2024.

Paula Cerqueira

BONDER, Nilton. **A cabala do dinheiro**. Rio de Janeiro: Rocco, 2010.

EINSTEIN (por ele mesmo). **Saindo da Matrix**, [S.l.], 11 maio 2005. Disponível em: https://www.saindodamatrix.com.br/einstein/. Acesso em: 30 abr. 2024.

KLONTZ, Brad; KLONTZ, Ted. **A mente acima do dinheiro**: o impacto das emoções na sua vida financeira. Trad. Cláudia Vassão Ruggiero. 2. ed. São Paulo: Novo Século, 2011.

WORLD HEALTH ORGANIZATION (WHO). **World mental health report:** transforming mental health for all. Geneva: WHO, 2022.

WRIGHT, Jesse H. *et al.* **Aprendendo a terapia cognitivo-comportamental:** um guia ilustrado. 2. ed. Porto Alegre: Artmed, 2019.

Rafaela Nogueira

ARIELY, Dan; KREISLER, Jeff. **A psicologia do dinheiro:** descubra como as emoções influenciam nossas escolhas financeiras e aprenda a tomar decisões mais inteligentes. Trad. Ivo Korytowski. Rio de Janeiro: Sextante, 2019.

Samara Moreira

JACCOUD, Danielle. Para quem não sabe para onde vai, qualquer caminho serve. **Somos Todos Um**, [*S.l.*], 15 nov. 2011. Disponível em: https://www.somostodosum.com.br/clube/artigos/oraculos/para-quem-nao-sabe-para-onde-vai-qualquer-caminho-serve-28518.html. Acesso em: 30 abr. 2024.

Simone Nagel

CLASON, George S. **O homem mais rico da Babilônia**. Rio de Janeiro: HarperCollins, 2013.

Thalita Carvalho

JACCOUD, Danielle. Para quem não sabe para onde vai, qualquer caminho serve. **Somos Todos Um**, [*S.l.*], 15 nov. 2011. Disponível em: https://www.somostodosum.com.br/clube/artigos/oraculos/para-quem-nao-sabe-para-onde-vai-qualquer-caminho-serve-28518.html. Acesso em: 30 abr. 2024.

ANOTAÇÕES

ANOTAÇÕES

ANOTAÇÕES